# Ich kann's!

*An illustrated German course*

Jack Stevenson
*Head of Modern Languages Department*
*Isleworth Grammar School*



BOOK 2

LONDON
G. BELL & SONS LTD
1977

*First published 1975*

*Reprinted 1977*



*India*

Orient Longman Ltd
New Delhi, Calcutta, Bombay and Madras

*Canada*

Clarke, Irwin & Co. Ltd, Toronto

*Australia*

Edward Arnold (Australia) Pty., Ltd., Port Melbourne, Vic.

*New Zealand*

Book Reps (New Zealand) Ltd, 46 Lake Road, Northcote, Auckland

*East Africa*

J.E. Budds, P.O. Box 44536, Nairobi

*West Africa*

Thos Nelson (Nigeria) Ltd, 8 Ilupeju Bye-Pass,
P.M.B. 1303, Ikeja, Lagos

*South and Central Africa*

Book Promotions (Pty), Ltd, 311 Sanlam Centre,
Main Road, Wynberg, Cape Province

ISBN 0 7135 1789 1

Set by Transeuroset Ltd.
and Printed in Great Britain by
J. W. Arrowsmith Ltd., Bristol, England

# *Preface*

This is the second part of a three part course in German to G.C.E. O Level. The course attempts to provide teachers with clearly defined and carefully selected material which will allow pupils of a wide range of ability a gradual and thorough progression through the basic patterns and vocabulary of German. Because it consistently demonstrates unambiguously both the meaning and function of the language under consideration in each chapter, the material makes grammatical explanations unnecessary and enables the teacher to concentrate on his essential responsibility, the giving to his pupils of that degree of oral and written practice which ensures that they will be able to produce spontaneous and accurate German both in speech and in writing.

Each section of work follows on logically from what has been previously taught and pupils are at no time asked to produce language whose meaning and function have not been made clear to them. Care has been taken to exclude from new material elements which could lead to confusion in the pupil's mind and hinder the gradual acquisition of those sound linguistic habits which lead eventually to fluency. The amount of material included in each chapter has been assessed in such a way as to allow the pupil to assimilate it easily, and constant reference is made to points already dealt with in order that material once taught is kept in circulation.

The drawings are an essential part of the course. Their purpose is to enable the teacher to introduce new vocabulary and structures without the need for translation or grammatical explanation and to provide him with a basis for adequate practice in new material once it has been introduced.

The texts are intended to be exploited in much the same way as the drawings. They are short and simple to begin with but this is not to say that they do not permit useful oral and written practice in a variety of patterns. As the course progresses the texts become longer and more complex, offering many opportunities for the introduction of new material and the revision of what is already known.

I am deeply indebted to Mrs. F. M. Hodgson, formerly Senior Lecturer and Head of the Modern Languages Department at the University of London Institute of Education, who taught me the principles on which the course is based and gave me considerable help throughout its preparation.

Mrs. G. Brett, Senior Oral Examiner in German for the Associated Examining Board, Mr. G. D. Gates of the Grey Coat Hospital School SW1 and Mr. P. L. Willig, Lecturer in Education at the University of Birmingham School of Education have all made valuable suggestions for which I am most grateful.

My thanks are also due to my colleagues at Isleworth Grammar School and in particular to my headmaster, Mr. G. J. P. Courtney, for providing me with the freedom and support I needed to experiment with my material.

J.C.S.

# Inhaltsverzeichnis


| | | Seite |
|---|---|---|
| 1 | Der/die/das + Adjektiv + Substantiv<br>Die Wochentage | 1 |
| 2 | Stadtplan von Brunnheim – Straßen – Gebäude – Text<br>Wiederholung von Präpositionen + bestimmter Artikel + Dativ<br>Pluralbildungen | 4 |
| 3 | Der/die/das + Adjektiv + Substantiv<br>Die Monate – Das Datum<br>Präpositionen + unbestimmter Artikel + Dativ | 7 |
| 4 | Einige Berufe<br>Präpositionen + unbestimmter und bestimmter Artikel + Dativ | 10 |
| 5 | In + weiblicher bestimmter Artikel im Dativ + Substantiv<br>Adjektiv + Substantiv ohne Artikel | 12 |
| 6 | Stundenplan – Schulfächer – Text<br>Nach/in + weiblicher bestimmter Artikel im Dativ + Adjektiv + Substantiv | 14 |
| 7 | Pronomen im Akkusativ<br>In + weiblicher bestimmter Artikel im Dativ + Adjektiv + Substantiv<br>Mit + unbestimmter Artikel + Substantiv<br>Brauchen + Wenn-Sätze | 17 |
| 8 | Text – Konrad in Tübingen<br>Wiederholung: Akkusativ – Präpositionen mit Dativ | 21 |
| 9 | Text – Weitere Berufe<br>Mit und zu + bestimmter Artikel | 23 |
| 10 | Text – Das Haus von Familie Lohmann | 27 |
| 11 | Text – Die Wohnung auf Sylt | 31 |

| | | |
|---|---|---|
| 12 | In + Akk./Dat. – wollen/gehen | 32 |
| 13 | Text – Herr Lohmann und seine Frau stehen auf – Frau Lohmann in der Küche | 37 |
| 14 | In + Akk./Dat. – steigen/gehen/wollen | 41 |
| 15 | Text – Herr Lohmann im Badezimmer | 44 |
| 16 | In + Akk./Dat. – gehen/steigen | 48 |
| 17 | In + Akk./Dat. – gießen<br>Bestimmter Artikel im Akkusativ ohne Präpositionen | 51 |
| 18 | In/an/unter + Akk./Dat. – hängen/stecken/stellen | 53 |
| 19 | Text – Die Familie Lohmann frühstückt | 55 |
| 20 | Über/Akk. – werfen/treiben/jagen | 59 |
| 21 | Auf/Akk. – legen/stellen/setzen | 61 |
| 22 | Müssen/dürfen/wissen anhand von Verkehrsschildern<br>Wenn-Sätze Daß-Sätze | 64 |
| 23 | Text – Die Zwillinge gehen zur Schule | 67 |
| 24 | Text – Maria Lohmann und ihre Arbeit | 69 |
| 25 | Text – Frau Lohmann und ihre Hausarbeit | 72 |
| 26 | Text – Die Jahreszeiten | 76 |
| 27 | Genitiv | 81 |
| 28 | Text – Die Familie arbeitet und spielt im Garten | 84 |
| 29 | Pronomen im Dativ anhand von sagen/geben/wünschen/ gratulieren | 88 |
| 30 | Imperfekt | 91 |

| | | |
|---|---|---|
| 31 | Texte – Berühmte Männer – Imperfekt | 95 |
| 32 | Text – Ein wenig Geschichte – Imperfekt | 98 |
| 33 | Text – Schulfrei I – Imperfekt | 99 |
| 34 | Text – Die Schulferien | 102 |
| 35 | Text – Schulfrei II – Imperfekt | 104 |
| 36 | Text – Konrad Lohmann – Imperfekt | 107 |
| 37 | Text – Marias Geburtstag – Imperfekt | 109 |
| | Grammar Section | 112 |
| | Vocabulary | 126 |

# *Kapitel eins*

*A*

1 

Hier sind zwei Mädchen: ein blondes Mädchen und ein schwarzhaariges Mädchen. Das blonde Mädchen tanzt, und das schwarzhaarige Mädchen sonnt sich.

2 

Hier sind zwei Männer: ein dicker Mann und ein dünner Mann. Der dicke Mann hält einen elektrischen Bohrer. Er bohrt. Der dünne Mann hält eine Säge. Er sägt.

3 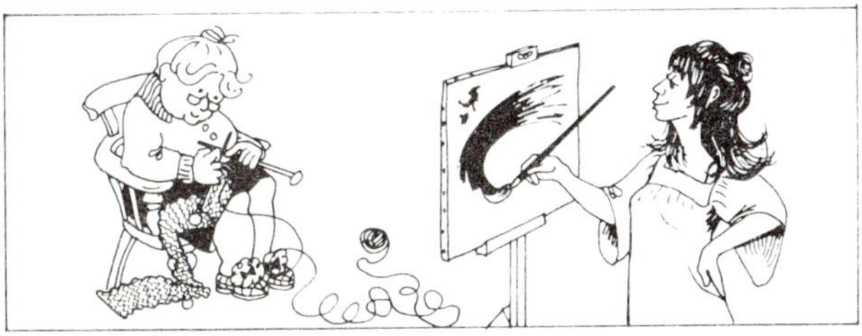

Hier sind zwei Frauen: eine alte Frau und eine junge Frau. Die alte Frau hält Stricknadeln. Sie strickt. Die junge Frau hält einen Pinsel. Sie malt.

4 

Hier sind zwei Jungen: ein englischer Junge und ein deutscher Junge. Der englische Junge trägt eine lange Hose, und der deutsche Junge trägt eine kurze Hose.

| | |
|---|---|
| Wie sind die Mädchen auf Bild 1? | Das eine ist schwarzhaarig, und das andere ist blond. |
| Wie sind die Männer auf Bild 2? | Der eine ist dick, und der andere ist dünn. |
| Wie sind die Frauen auf Bild 3? | Die eine ist alt, und die andere ist jung. |
| Woher kommen die Jungen auf Bild 4? | Der eine kommt aus England, und der andere kommt aus Deutschland. |

B

Eine Woche hat sieben Tage.
Der erste Tag heißt Montag.
Der zweite Tag heißt Dienstag.
Der dritte Tag heißt Mittwoch.
Der vierte Tag heißt Donnerstag.
Der fünfte Tag heißt Freitag.
Der sechste Tag heißt entweder Samstag oder Sonnabend.
Der siebente (siebte) oder der letzte Tag in der Woche heißt Sonntag.

Die Zeit von 24 Uhr bis 6 Uhr heißt die Nacht.
Die Zeit von 6 Uhr bis 12 Uhr heißt der Morgen oder der Vormittag.
Die Zeit von 12 Uhr bis 18 Uhr heißt der Nachmittag.
Die Zeit von 18 Uhr bis 24 Uhr heißt der Abend.

## *Aufgaben*

A

1. Wieviele Bilder sind auf Seite 1 und 2?
2. Was siehst du auf Bild 2?
3. Wieviele Mädchen sind auf Bild 3?
4. Was halten die Jungen auf Bild 4?
5. Welcher Junge trägt eine kurze Hose?
6. Welche Frau strickt?
7. Welches Mädchen tanzt?
8. Welcher Mann sägt?
9. Was macht der andere Mann?
10. Was hält er?
11. Was macht die junge Frau?
12. Was hält sie?
13. Was für Jungen sind auf Bild 4?
14. Was für Männer sind auf Bild 2?
15. Sind zwei blonde Mädchen auf Bild 1?
16. Welches Mädchen sonnt sich?
17. Welcher Mann bohrt?
18. Welche Frau malt?
19. Welcher Junge trägt eine lange Hose?
20. Was für einen Jungen siehst du auf Bild 1?
21. Woher kommen die Jungen auf Bild 4?
22. Wie sind die Männer auf Bild 2?
23. Braucht man eine Säge, wenn man bohren will?
24. Was braucht man, wenn man malen will?
25. Was braucht man, wenn man sägen will?
26. Wann braucht man Stricknadeln?

B

1. Wieviele Tage hat eine Woche?
2. Wie heißt der zweite Tag?
3. Wie heißt der sechste Tag?
4. Was ist Sonntag?
5. Was ist Donnerstag?
6. Was ist Mittwoch?
7. Wie heißt der fünfte Tag?
8. Was ist ein anderes Wort für Samstag?
9. Was ist ein anderes Wort für Wagen?
10. Wie heißt die Zeit von 24 Uhr bis 6 Uhr?

# *Kapitel zwei*

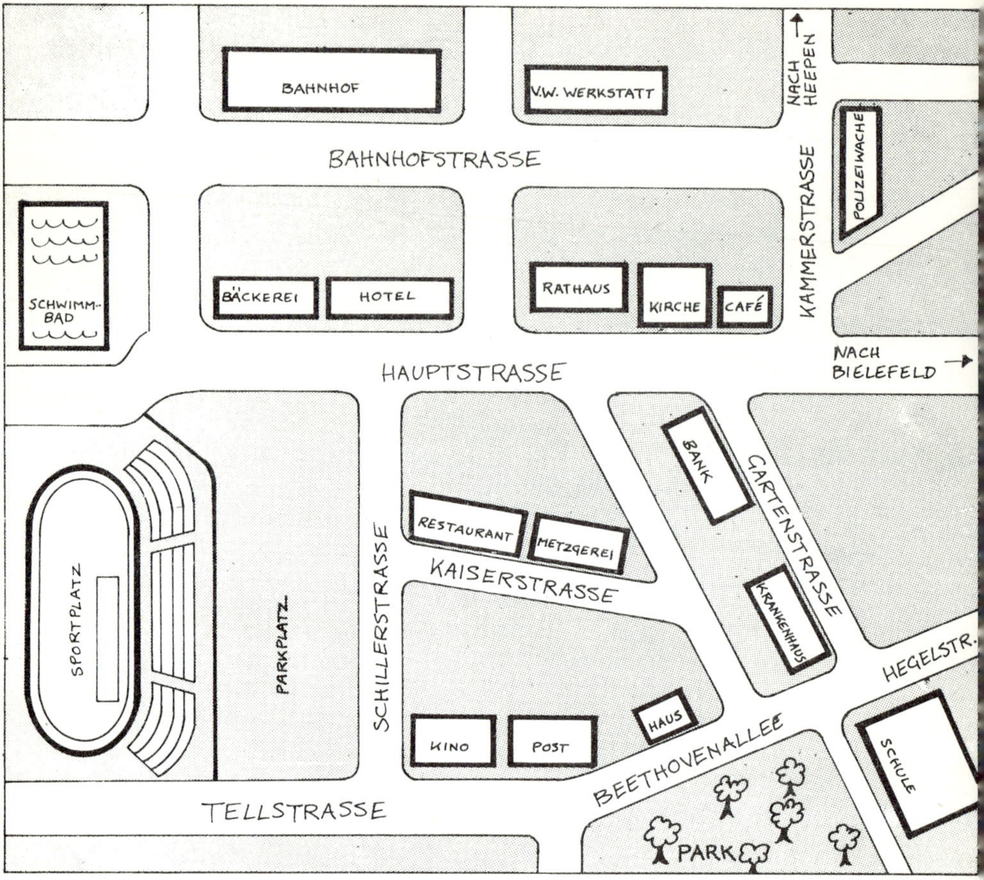


Hier ist ein Stadtplan von Brunnheim. Brunnheim ist ein Vorort von Bielefeld. Die Familie Lohmann wohnt in Brunnheim. Ihr Haus ist in der Beethovenallee. Der Stadtplan zeigt die Hauptgebäude und die Hauptstraßen von Brunnheim. Die Hauptstraße führt nach Bielefeld, und die Kammerstraße führt nach Heepen. Heepen ist ein kleines Dorf in der Nähe von Bielefeld. Die Kirche in Brunnheim ist ein interessantes Gebäude. Sie ist sehr alt und steht in der Hauptstraße zwischen dem Rathaus und dem Café. Das Krankenhaus und die Post sind moderne Gebäude. Die Post ist in der Tellstraße rechts von dem Kino. Links von der Bank in der Gartenstraße steht das Krankenhaus.

1
BAHNHOF
2
WERKSTATT
3
4
BACKEREI
5
6
RATHAUS
7
8
CAFÉ
9
POLIZEI
10
11
P
12
RESTAURANT
13
METZGEREI
14
BANK
15
16
PALAST KINO
17
POST
18
19
SCHULE
20

## *Aufgaben*

A.

1. Was ist Brunnheim?
2. Was ist Heepen?
3. Was ist Bielefeld?
4. Wer wohnt in Brunnheim?
5. Welche Gebäude zeigt der Stadtplan?
6. Wieviele Gebäude und Straßen zeigt er?
7. Wohin führt die Kammerstraße?
8. Wohin führt die Hauptstraße?
9. In welcher Straße ist die Schule in Brunnheim?
10. In welcher Straße sind die Polizeiwache und die Post?
11. In welcher Straße ist die Volkswagenwerkstatt?
12. In welcher Straße ist das Kino?
13. Was sind eine Kirche und ein Haus?
14. Was für ein Gebäude ist die Kirche?
15. Sind das Krankenhaus und die Post alt?
16. Hat die Familie Lohmann eine Wohnung oder ein Haus?
17. Welches Gebäude steht links von der Metzgerei?
18. Welches Gebäude steht rechts von dem Kino?
19. Welche Gebäude sind in der Bahnhofstraße?
20. Welche Gebäude sind in der Gartenstraße?
21. Wo ist der Park?
22. Wo ist das Schwimmbad?
23. Wo ist die Kirche?
24. Welches Gebäude ist hinter der Polizeiwache?

B

1. Was sind ein Rathaus und ein Hotel?
2. Was sind ein Pferd und ein Kaninchen?
3. Was sind ein Junge und ein Mädchen?
4. Was sind ein Lineal und ein Bleistift?
5. Was sind Onkel und Tanten?
6. Was sind 9, 4 und 7?
7. Was sind M, R und Z?
8. Was sind STEHT und ABER?
9. Was sind ein Mantel und ein Hemd?
10. Was sind Arme und Beine?
11. Was sind "Der Spiegel" und "Paris Match"?
12. Was sind "Die Welt" und "Le Figaro"?
13. Was sind Bonn und Mainz?
14. Was sind Spanien und Frankreich?
15. Was sind Deutsch und Italienisch?
16. Was sind eine Klarinette und eine Gitarre?
17. Was sind Mittwoch und Sonnabend?
18. Sind Hamburg und Dublin Dörfer?
19. Was sind Heepen und Tannochbrae?
20. Was sind Grün und Rot?

# *Kapitel drei*

A

1 

Hier sind zwei Schlangen: eine lange Schlange und eine kurze Schlange. Die lange Schlange liegt vor einem Korb, und die kurze Schlange liegt vor einem Baum.

2 

Hier sind zwei Hunde: ein grauer Hund und ein weißer Hund. Der graue Hund sitzt auf einem Stuhl, und der weiße Hund sitzt auf einem Tisch.

3 

Hier sind zwei Pferde: ein großes Pferd und ein kleines Pferd. Das große Pferd steht vor einer Mauer, und das kleine Pferd steht vor einer Tür.

4

Hier sind zwei Wagen: ein altmodischer Wagen und ein moderner Wagen. Der altmodische Wagen steht neben einer Laterne, und der moderne Wagen steht neben einer Telefonzelle.

| | |
|---|---|
| Wie sind die Schlangen auf Bild 1? | Die eine ist lang, und die andere ist kurz. |
| Welche Farbe haben die Hunde auf Bild 2? | Der eine ist grau, und der andere ist weiß. |
| Wie sind die Pferde auf Bild 3? | Das eine ist groß, und das andere ist klein. |
| Wie sind die Wagen auf Bild 4? | Der eine ist altmodisch, und der andere ist modern. |

B

Ein Jahr hat zwölf Monate.
Der erste Monat heißt Januar.
Der zweite Monat heißt Februar.
Der dritte Monat heißt März.
Der vierte Monat heißt April.
Der fünfte Monat heißt Mai.
Der sechste Monat heißt Juni.
Der siebente (siebte) Monat heißt Juli.
Der achte Monat heißt August.
Der neunte Monat heißt September.
Der zehnte Monat heißt Oktober.
Der elfte Monat heißt November.
Der zwölfte und letzte Monat heißt Dezember.

C.

Ist heute Dienstag oder Mittwoch? Heute ist Mittwoch.
Der wievielte ist heute? Heute ist der zehnte Oktober.
Der wievielte ist morgen? Morgen ist der elfte Oktober.
Der wievielte ist übermorgen? Übermorgen ist der zwölfte Oktober.

## *Aufgaben*

A

1. Wieviele Menschen siehst du auf Bild 1?
2. Welche Gegenstände sind auf Bild 2?
3. Was für Pferde sind auf Bild 3?
4. Wieviele Tiere sind auf Bild 4?
5. Was ist sonst noch auf Bild 4?
6. Was für Schlangen sind auf Bild 1?
7. Was für Hunde sind auf Bild 2?
8. Welcher Hund sitzt auf einem Tisch?
9. Welche Schlange liegt vor einem Baum?
10. Welches Pferd steht vor einer Mauer?
11. Welcher Wagen steht neben einer Laterne?
12. Wo steht das kleine Pferd?
13. Worauf sitzt der graue Hund?
14. Wo liegt die lange Schlange?
15. Wo steht der moderne Wagen?
16. Wie sind die Schlangen auf Bild 1?

B

1. Wieviele Monate hat ein Jahr?
2. Wieviele Tage hat eine Woche?
3. Wie heißt der zweite Monat?
4. Wie heißt der letzte Monat?
5. Was ist heute?
6. Ist übermorgen Montag?
7. Der wievielte ist morgen?
8. Was ist August?
9. Was ist April?
10. Der wievielte ist übermorgen?
11. Wie spät ist es?
12. Sind dreißig Minuten eine Stunde?
13. Sind drei Monate ein halbes Jahr?
14. Was sind fünfzehn Minuten?
15. Wieviele Tage hat ein Jahr?

# *Kapitel vier*

Diese Leute wohnen auch in Brunnheim:

Herr A ist Briefträger von Beruf. Ein Briefträger bringt Briefe, Karten und Pakete. Er arbeitet bei der Post.

Herr B ist Bäcker von Beruf. Er arbeitet in der Bäckerei. Ein Bäcker verkauft Brot.

Fräulein C ist Sekretärin von Beruf. Sie arbeitet in der Bank. Eine Sekretärin tippt Briefe auf einer Schreibmaschine.

Fräulein D ist Krankenschwester von Beruf. Sie arbeitet in einer Klinik. Eine Krankenschwester pflegt die Kranken. Die Klinik ist nicht in Brunnheim, sondern in Bielefeld. Sie ist also in der Stadt.

Herr E ist Mechaniker von Beruf. Er arbeitet in der Volkswagenwerkstatt. Ein Mechaniker repariert Autos. Man braucht Werkzeuge, wenn man Autos reparieren will.

Herr F ist Metzger von Beruf. Ein Metzger verkauft Fleisch. Er arbeitet in der Metzgerei. Ein anderes Wort für Metzger ist Fleischer. Ein anderes Wort für Metzgerei ist Fleischerei.

Lehrer(in): Ich bin Lehrer(in) von Beruf; du bist Schüler(in) – du hast keinen Beruf. Was bin ich von Beruf?
Schüler(in): Sie sind Lehrer(in).
Lehrer(in): Was bist du von Beruf?
Schüler(in): Ich habe keinen Beruf – ich bin Schüler(in).
Lehrer(in): Ein(e) Lehrer(in) unterrichtet.
Ein(e) Schüler(in) lernt.
Was mache ich?
Schüler(in): Sie unterrichten.
Lehrer(in): Was machst du?
Schüler(in): Ich lerne.

## *Aufgaben*

A

1. Was ist Fräulein D von Beruf?
2. Was macht Herr A?
3. Verkauft Herr B Fleisch?
4. Ist Herr E Fleischer von Beruf?
5. Was ist Herr A von Beruf?
6. Was macht Herr F?

7. Tippt Herr E Briefe?
8. Ist Herr A Metzger von Beruf?
9. Was ist Fräulein C von Beruf?
10. Was macht Herr B?
11. Repariert Fräulein D Autos?
12. Ist Herr B Briefträger von Beruf?
13. Was ist Herr E von Beruf?
14. Bringt Herr F die Post?
15. Ist Fräulein D Sekretärin von Beruf?
16. Was ist Herr F von Beruf?
17. Was ist ein anderes Wort für Metzger?
18. Was macht Herr E?
19. Was bist du von Beruf?
20. Was machst du in der Schule?
21. Was macht ein Lehrer?
22. Worauf tippt man?
23. Kannst du tippen?
24. Was braucht man, wenn man Briefe tippen will?
25. Wann braucht man Werkzeuge?

B

1. Wo arbeitet der Briefträger?
2. Wo arbeitet der Mechaniker?
3. Wo arbeitet die Krankenschwester?
4. Wo arbeitet der Metzger?
5. Wo arbeitet der Bäcker?
6. Wo arbeitet die Sekretärin?

C

1. Wo steht die Bank in Brunnheim?
2. Wo steht die Post?
3. Wo steht die Volkswagenwerkstatt?
4. Wo steht die Bäckerei?
5. Wo ist die Klinik?
6. Wo steht die Metzgerei?

# *Kapitel fünf*

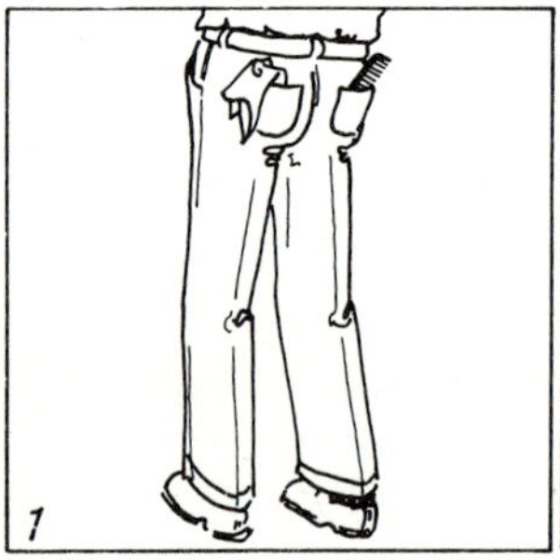
1

2

3

Der Mann hat einen Kamm in der rechten Tasche und ein Taschentuch in der linken Tasche.
In der grauen Tasse ist Tee.
In der weißen Tasse ist Kaffee.
In der großen Tüte ist Milch.
In der anderen (kleinen) Tüte ist Joghurt.
In der dünnen Vase ist eine Rose.
In der dicken Vase ist eine Tulpe.
In der eckigen Flasche ist Whisky.
In der runden Flasche ist Wein.
In der karierten Dose ist Bier.
In der gestreiften Dose ist Limonade.

Tee ist ein Getränk. Kaffee ist auch ein Getränk.
Bier, Wein, Whisky und Limonade sind auch Getränke.

Lehrer: Ich trinke gern deutsches Bier. Was trinkst du gern?
Schüler: Ich trinke gern Limonade.
Lehrer: Was trinke ich gern?
Schüler: Sie trinken gern deutsches Bier.
Lehrer: Ich trinke gern schwarzen Tee, aber meine Frau trinkt gern Tee mit Milch. Was für Tee trinkst du gern?
Schüler: Ich trinke gern schwarzen Tee.
Lehrer: Ich trinke gern warme Milch, aber meine Frau trinkt gern kalte Milch. Was für Milch trinkst du gern?
Schüler: Ich trinke gern kalte Milch.
Lehrer: Ich trinke gern Rotwein, aber meine Frau trinkt gern Weißwein. Was für Wein trinkst du gern?
Schüler: Ich trinke keinen Wein.

1. In welcher Tasse ist der Tee?
2. Welche Farbe hat Tee?
3. Was für Tee trinkst du gern?
4. In welcher Tüte ist die Milch?
5. Welche Farbe hat Milch?
6. Was für Milch trinkst du gern?
7. In welcher Tasche hat der Mann seinen Kamm?
8. In welcher Tasche hast du deinen Kamm?
9. Woraus ist dein Kamm?
10. In welcher Vase ist die Rose?
11. Was sind eine Rose und eine Tulpe?
12. In welcher Flasche ist der Whisky?
13. Was ist in der anderen Flasche?
14. In welcher Dose ist das Bier?
15. Welche Farbe hat Bier?
16. Was für Bier trinkst du gern?
17. Wo ist der Kaffee?
18. Was trinkt dein(e) Lehrer(in) gern?
19. In welcher Flasche ist der Wein?
20. Welche Farbe hat Wein?
21. Was für Wein trinkst du gern?
22. Welches Getränk ist in der gestreiften Dose?
23. Wo ist der Joghurt?
24. Wo ist das Taschentuch?
25. Wo ist die Tulpe?
26. Was für Kaffee trinkst du gern?
27. Wo ist die Limonade?

# *Kapitel sechs*

Barbara und Elisabeth haben noch keinen Beruf. Sie sind Schülerinnen. Hier ist der Stundenplan von Barbara:

| | | Mo. | Di. | Mi. | Do. | Fr. | Sa. |
|---|---|---|---|---|---|---|---|
| 1 | 8.00<br>8.45 | Engl.<br>Fr. Sch. | Deutsch<br>Fr. Linke | Chemie<br>Herr Ho. | Geschichte<br>Frl. Wi. | Mathem.<br>Fr. Wolf | Deutsch<br>Fr. Linke |
| 2 | 8.55<br>9.35 | Deutsch<br>Fr. Linke | Geschichte<br>Frl. Wi. | Englisch<br>Fr. Sch. | Mathem.<br>Fr. Wolf | Deutsch<br>Fr. Linke | Erdkunde<br>Fr. Jak. |
| | | P | A | U | S | E | |
| 3 | 9.55<br>10.40 | Musik<br>Frl. No. | Englisch<br>Fr. Sch. | Religion<br>Pastor F. | Physik<br>Herr Ho. | Physik<br>Herr Ho. | Mathem.<br>Fr. Wolf |
| 4 | 10.45<br>11.30 | Mathem.<br>Fr. Wolf | Sport<br>Frl. Str. | Deutsch<br>Fr. Linke | Sport<br>Frl. Str. | Hausw.<br>Fr. Lenz | Englisch<br>Fr. Sch. |
| | | P | A | U | S | E | |
| 5 | 11.45<br>12.30 | Kunst<br>Frl. Br. | Mathem.<br>Fr. Wolf | Geschichte<br>Frl. Wi. | Deutsch<br>Fr. Linke | Hausw.<br>Fr. Lenz | Erdkunde<br>Frl. Jak. |
| 6 | 12.35<br>13.20 | Kunst<br>Frl. Br. | Chemie<br>Herr Ho. | Erdkunde<br>Frl. Jak. | Englisch<br>Fr. Sch. | Englisch<br>Fr. Sch. | Frei! |

| | | | |
|---|---|---|---|
| Deutsch: | Frau Linke | Religion: | Pastor Feldbusch |
| Englisch: | Frau Schröder | Musik: | Fräulein Nolte |
| Mathematik: | Frau Wolf | Kunst: | Fräulein Brandt |
| Geschichte: | Fräulein Winkelmann | Sport: | Fräulein Strauss |
| Erdkunde: | Frau Jakobs | Hauswirtschaft: | Frau Lenz |
| Physik und Chemie: | Herr Hoffmann | | |

Barbara hat jeden Tag außer samstags sechs Stunden. Jede Stunde dauert fünfundvierzig Minuten. Die erste Stunde fängt um acht Uhr an. Sie hört um Viertel vor neun auf.
Es gibt jeden Tag auch zwei Pausen. Die erste Pause ist nach der zweiten Stunde und dauert zwanzig Minuten. Die zweite Pause ist nach der vierten Stunde und dauert eine Viertelstunde.
Die Lieblingslehrerin von Barbara ist Frau Schröder. Sie unterrichtet Englisch. Es gibt auch zwei Lehrer an der Schule. Der eine heißt Herr Hoffmann, und der andere ist Pastor Feldbusch. Der Pastor unterrichtet natürlich Religion, und sein Kollege unterrichtet Physik und Chemie. Es gibt sonst keine Lehrer an der Schule – nur Lehrerinnen.
Das Lieblingsfach von Barbara ist Geschichte, aber sie lernt auch Englisch, Physik und Chemie sehr gern. Sie lernt Geschichte bei Fräulein Winkelmann, Englisch bei Frau Schröder, Physik und Chemie bei Herrn Hoffmann.
Im ganzen hat Barbara zwölf Fächer. Deutsch und Englisch hat sie sechsmal in der Woche, Mathematik fünfmal und Geschichte und Erdkunde dreimal. Physik, Chemie, Kunst, Sport und Hauswirtchaft hat sie zweimal in der Woche. Musik und Religion hat sie jede Woche nur einmal. Sie hat Musik montags in der dritten Stunde und Religion jeden Mittwoch auch in der dritten Stunde.

| | |
|---|---|
| Lehrer zu der Klasse: | Was macht ihr in der Schule in der ersten Pause? |
| Schüler: | Wir spielen / trinken Milch / machen Schularbeiten. |
| Lehrer: | Was macht ihr in der zweiten Pause / in der Mittagspause? |
| Schüler: | Wir essen / unterhalten uns / spielen Karten / lesen. |
| Lehrer: | Wieviele Pausen habt ihr jeden Tag? |
| Schüler: | Wir haben zwei. |
| Lehrer: | Wieviele Fächer lernt ihr in der Schule? |
| Schüler: | Wir lernen zehn. |

Lehrer: Was für eine Uniform tragt ihr in der Schule?
Schüler: Wir tragen keine (Uniform) / eine blaue (Uniform).
Lehrer: Was macht ihr nach der Schule?
Schüler: Wir gehen nach Hause.

## *Aufgaben*

A

1. Um wieviel Uhr fängt die erste Stunde von Barbara an?
2. Um wieviel Uhr fängt die erste Pause an?
3. Um wieviel Uhr fängt die letzte Stunde an?
4. Um wieviel Uhr hört sie auf?
5. Um wieviel Uhr hört die erste Stunde auf?
6. Um wieviel Uhr hört die erste Pause auf?
7. Wie lange dauert die dritte Stunde?
8. Wie lange dauert die zweite Pause?
9. Wieviele Stunden hat Barbara jeden Tag?
10. Wieviele Pausen hat sie jeden Tag?
11. Wieviele Pausen hat sie jede Woche?
12. Wieviele Stunden hat sie jede Woche?
13. Wieviele Stunden hat sie jeden Monat?
14. Wieviele Pausen hat sie jeden Monat?
15. Wieviele Pausen hast du jeden Tag?
16. Wieviele Stunden hast du jede Woche?
17. Um wieviel Uhr fängt deine erste Pause an?
18. Um wieviel Uhr hört deine letzte Stunde auf?
19. Wie lange dauert deine zweite Stunde?
20. Wie lange dauert deine siebente Stunde?

B

1. Welches Fach hat Barbara montags in der fünften Stunde?
2. Welches Fach hat sie freitags in der dritten Stunde?
3. Welches Fach hat sie samstags in der ersten Stunde?
4. Welches Fach hat sie mittwochs in der siebten (siebenten) Stunde?
5. Welches Fach hat sie dienstags in der zweiten Stunde?
6. Wann hat sie montags Musik?
7. Wann hat sie donnerstags Sport?
8. Wann hat sie samstags Erdkunde?
9. Wann hast du mittwochs Französisch?
10. Wann hast du dienstags Englisch?
11. Wann ist die erste Pause in der Schule von Barbara?
12. Wann ist die zweite Pause?
13. Was sind Erdkunde und Chemie?
14. Was sind Englisch, Deutsch und Französisch?
15. Was sind Frau Linke und Frau Schröder?
16. Was sind Herr Hoffmann und Pastor Feldbusch?

C

1. Wer ist Frau Schröder?
2. Was unterrichtet sie?
3. Was unterrichtet Fräulein Brandt?
4. Gibt es nur Lehrerinnen an der Schule von Barbara?
5. Wie heißen die Lehrer?
6. Was unterrichten die Lehrer?
7. Unterrichtet eine Schülerin?
8. Was machst du in der Schule?
9. Was macht dein(e) Deutschlehrer(in)?
10. Bei wem hat Barbara Geschichte?
11. Bei wem hat sie Englisch?
12. Bei wem hast du Physik?
13. Welches Fach ist das Lieblingsfach von Barbara?
14. Was ist dein Lieblingsfach?
15. Hat Barbara jeden *Samstag* Religion?
16. Hat sie jeden *Freitag* Kunst?
17. Hat sie jeden *Tag* zwölf Pausen?
18. Hat sie jede *Woche* sechs Stunden?
19. Hast du jeden Montag Sport?
20. Wann hast du Religion?

# *Kapitel sieben*

Hier sind drei Männer. Der erste Mann hält einen elektrischen Bohrer. Er hält ihn in der rechten Hand. Man bohrt mit einem Bohrer. Der zweite Mann hält einen Hammer. Er hält ihn in der linken Hand. Man hämmert mit einem Hammer. Der dritte Mann hält einen Spaten. Er hält ihn in der linken Hand. Man gräbt mit einem Spaten.

Hier sind drei Mädchen. Das erste Mädchen hält ein Lineal. Es hält es in der linken Hand. Man mißt mit einem Lineal. Das zweite Mädchen hält ein Messer. Es hält es in der rechten Hand. Man schneidet mit einem Messer. Das dritte Mädchen hält ein Radiergummi. Es hält es in der linken Hand. Man radiert mit einem Radiergummi.

Hier sind drei Frauen. Die erste Frau hält eine Nadel. Sie hält sie in der linken Hand. Man näht mit einer Nadel. Die zweite Frau hält eine Kamera. Sie hält sie in der rechten Hand. Man fotografiert mit einer Kamera. Die dritte Frau hält eine Schere. Sie hält sie in der linken Hand. Man schneidet Papier mit einer Schere.

## *Aufgaben*

A

1. Was hält der erste Mann?
2. Hält der dritte Mann eine Schere?
3. Was hält das zweite Mädchen?
4. Hält die erste Frau einen Hammer?
5. Was hält die dritte Frau?
6. Welcher Mann hält einen Spaten?
7. Welches Mädchen hält ein Radiergummi?
8. Welche Frau hält eine Kamera?

B

1. Womit bohrt man?
2. Womit mißt man?
3. Womit schneidet man?
4. Womit gräbt man?
5. Womit näht man?
6. Womit hämmert man?
7. Womit fotografiert man?
8. Womit schneidet man Papier?
9. Womit radiert man?

C

1. In welcher Hand hält der Mann den Bohrer?
2. In welcher Hand hält die Frau die Nadel?
3. In welcher Hand hält das Mädchen das Radiergummi?
4. Hält der zweite Mann den Hammer in der rechten Hand?
5. Hält das erste Mädchen das Lineal in der linken Hand?
6. Hält die dritte Frau die Schere in der rechten Hand?

D

1. Was braucht man, wenn man bohren will?
2. Braucht man ein Lineal, wenn man messen oder wenn man schneiden will?
3. Wann braucht man einen Spaten?
4. Was braucht man, wenn man hämmern will?
5. Wann braucht man eine Nadel?
6. Wann braucht man einen Hammer?
7. Was braucht man, wenn man Papier schneiden will?
8. Wann braucht man eine Kamera?

# *Kapitel acht*

Barbaras Bruder Konrad hat auch noch keinen Beruf. Er ist aber kein Schüler, er ist Student. Er studiert Medizin an der Universität Tübingen. Dort hat er ein Zimmer in der Neckarstraße. Links ist das Zimmer von Konrad.

Das Fenster ist offen. Vor dem Fenster steht ein Baum. Der Schreibtisch steht an dem Fenster, und auf dem Schreibtisch ist eine Schreibmaschine. Rechts von der Schreibmaschine steht eine kleine Lampe, und links davon liegen Konrads Bleistifte und Füllhalter. Der Schreibtisch hat drei Schubladen an der rechten Seite. An der anderen Seite hat er keine. Neben dem Schreibtisch steht ein Papierkorb. An der Wand neben dem Schreibtisch steht ein Bücherschrank. Das Radio von Konrad steht auf dem Bücherschrank, und darüber hängt ein Bild. Zwischen dem Bild und dem Fenster hängt ein kleines Barometer.

Konrads Plattenspieler steht auf einem kleinen Tisch neben dem Bücherschrank. Unter dem kleinen Tisch steht ein Plattenständer. Über dem Plattenspieler hängt ein zweites Bild. Rechts von diesem Bild ist ein großer Spiegel, und darunter ist das Waschbecken. In der Ecke steht ein großer Kleiderschrank, und auf diesem Schrank ist ein schwarzer Koffer. Zwischen dem Kleiderschrank und dem Bett steht ein Nachttisch. Darauf steht ein Wecker. Ein Kissen liegt auf dem Bett, und darunter liegen Konrads Schuhe.

In dem Zimmer ist auch ein alter Sessel, und davor steht ein kleiner Tisch. Auf diesem Tisch steht eine Lampe. Neben der Lampe liegt ein Aschenbecher, und in dem Aschenbecher liegt eine Pfeife. Konrads Bademantel hängt an der Tür. Links von der Tür ist ein Heizkörper. Darüber ist ein kleines Brett. Auf diesem Brett steht ein Blumentopf. Vor dem Bücherschrank auf dem Boden steht ein elektrischer Ofen.

## *Aufgaben*

A

1. Wessen Zimmer ist auf Seite 20?
2. Hängt der Bademantel an der Wand?
3. Hängt das Barometer auch an der Tür?
4. Wo hängen die Bilder?
5. Ist die Tür offen?
6. Ist das Fenster auch offen?
7. Steht die kleine Lampe links von der Schreibmaschine?
8. Liegen die Bleistifte und Füllhalter rechts von der Schreibmaschine?

B

1. Hängt das eine Bild über dem Fenster?
2. Wo hängt das zweite Bild?
3. Wo sind die Bücher von Konrad?
4. Worauf steht sein Radio?
5. Was hängt über dem Radio?
6. Worauf steht die Schreibmaschine?
7. Worauf liegen die Bleistifte und Füllhalter?
8. Wieviele Schubladen hat der Schreibtisch?
9. Auf welcher Seite sind sie?
10. Steht der Papierkorb neben dem Waschbecken?
11. Wo steht der elektrische Ofen?
12. Was steht rechts von dem Bücherschrank?
13. Was steht auf diesem Tisch?
14. Was steht unter diesem Tisch?
15. Was hängt über diesem Tisch?
16. Was ist rechts von diesem Bild?
17. Was ist darunter?
18. Worauf liegt der Koffer von Konrad?
19. Was ist in dem Kleiderschrank?
20. Was ist in dem Bücherschrank?
21. Steht der Wecker auch auf dem Bücherschrank?
22. Wo steht dieser Tisch?
23. Worauf liegt das Kissen?
24. Wo liegen die Schuhe?
25. Was für ein Sessel steht in dem Zimmer?
26. Was steht vor diesem Sessel?
27. Was steht auf diesem kleinen Tisch?
28. Wo liegt die Pfeife?
29. Was ist unter dem Brett?
30. Ist das Brett an der Tür?
31. Was steht darauf?
32. Wo sind die Blumen?

C

1. Wie ist Konrad mit Barbara verwandt?
2. Was ist er von Beruf?
3. Welches Fach studiert er?
4. Wo studiert man?
5. Wo lernt man?
6. Was ist Tübingen?
7. Wo ist das Zimmer von Konrad?
8. Was ist der Neckar?
9. Wohnt die Familie Lohmann in Tübingen?
10. Wohnst du in einem Zimmer?
11. In welcher Straße ist das Haus von der Familie Lohmann?
12. Ist Brunnheim eine Stadt?

D

1. Was ist dein Bruder von Beruf?
2. Was für einen Bademantel hast du?
3. Was für einen Plattenspieler hast du?
4. Was für eine Schreibmaschine hast du?
5. Hast du ein deutsches Radio?

6. Was für ein Barometer hast du in deinem Zimmer?
7. Was für einen Kleiderschrank hast du in deinem Zimmer?
8. Was für ein Waschbecken hast du in deinem Zimmer?
9. Was für einen Sessel gibt es in deinem Zimmer?
10. Was für einen Bücherschrank hast du in deinem Zimmer?
11. Was für einen Nachttisch hast du?
12. Was für einen Ofen hast du in deinem Zimmer?
13. Was für einen Wecker hast du?
14. Was für eine Uhr hast du?

# *Kapitel neun*

Diese Leute arbeiten auch alle in Brunnheim, aber sie wohnen in Bielefeld. Sie fahren jeden Morgen nach Brunnheim und fahren jeden Abend nach Bielefeld zurück.

Herr L ist Koch von Beruf. Ein Koch kocht entweder in einem Hotel oder in einem Restaurant. Herr L arbeitet in dem Hotel in Brunnheim. Er fährt mit dem Bus dorthin. Der Bus fährt um 7 Uhr in Bielefeld ab und kommt um zwanzig Minuten nach sieben in Brunnheim an. Er hält genau vor dem Hotel in der Hauptstraße. Die Fahrt von Bielefeld nach Brunnheim kostet siebzig Pfennig. Herr L verdient viel Geld als Koch – 1800 DM jeden Monat.

Fräulein M ist Kellnerin von Beruf. Eine Kellnerin bedient in einem Café oder in einem Restaurant. Fräulein M arbeitet in dem Restaurant in Brunnheim. Sie fährt mit der Straßenbahn dorthin. Die Straßenbahn hält in der Tellstraße vor dem Kino. Von dort aus geht Fräulein M zu Fuß zum Restaurant in der Kaiserstraße. Die Straßenbahn fährt schneller als der Bus. Sie fährt auch um sieben Uhr in Bielefeld ab, aber sie kommt schon um Viertel nach sieben in Brunnheim an. Die Fahrt ist aber teurer als mit dem Bus. Sie kostet nämlich achtzig Pfennig. Als Kellnerin verdient Fräulein M auch ziemlich viel Geld – ungefähr 1500 DM jeden Monat.

Dr. N ist Arzt von Beruf. Ein Arzt heilt die Kranken. Dr. N arbeitet in dem Krankenhaus in Brunnheim. Er fährt mit dem Wagen dorthin. Die Fahrt dauert nur zehn Minuten. Er parkt seinen Wagen hinter dem Krankenhaus. Als Arzt verdient Dr. N etwa 3500 DM jeden Monat.

Herr O ist Polizist von Beruf. Er arbeitet in der Polizeiwache in Brunnheim. Er hat einen Motorroller und fährt damit zur Polizeiwache. Die Fahrt von Bielefeld nach Brunnheim mit dem Motorroller dauert auch zehn Minuten. Herr O parkt seinen Motorroller hinter der Polizeiwache. Als Polizist verdient Herr O 1400 DM jeden Monat.

Herr P ist Gepäckträger von Beruf. Ein Gepäckträger trägt Koffer und Taschen. Der Sammelbegriff für Koffer und Taschen ist Gepäck. Herr P arbeitet an dem Bahnhof in Brunnheim. Er fährt mit dem Fahrrad dorthin. Die Fahrt dauert ungefähr zwanzig Minuten. Er läßt sein Fahrrad hinter dem Bahnhof. Als Gepäckträger verdient Herr P etwa 1150 DM jeden Monat.

## *Aufgaben*

A

1. Wo wohnen Herr L und Fräulein M?
2. Arbeiten sie in Tübingen?
3. Was ist Herr Dr. N von Beruf?
4. Was ist Herr P von Beruf?
5. Was ist Fräulein M von Beruf?
6. Was ist Herr O von Beruf?
7. Was ist Herr L von Beruf?
8. Was bist du von Beruf?

B

1. Was macht eine Kellnerin?
2. Was macht ein Arzt?
3. Was macht ein Gepäckträger?
4. Was macht ein Koch?

C

1. Arbeitet der Koch in einer Metzgerei?
2. Wo arbeitet die Kellnerin?
3. Arbeitet der Arzt in einer Klinik?
4. Wo arbeitet der Polizist?
5. Arbeitet der Gepäckträger in einer Bäckerei?

D

1. Wie fährt der Koch zum Hotel?
2. Wie fährt die Kellnerin zum Restaurant?
3. Wie fährt der Arzt zum Krankenhaus?
4. Wie fährt der Polizist zur Polizeiwache?
5. Wie fährt der Gepäckträger zum Bahnhof?
6. Wie kommt die Kellnerin von der Tellstraße zur Kaiserstraße?

E

1. Wie lange dauert die Fahrt mit dem Bus nach Brunnheim?
2. Wie lange dauert die Fahrt mit der Straßenbahn?
3. Dauert die Fahrt mit dem Auto auch fünfzehn Minuten?
4. Wie lange dauert die Fahrt mit dem Motorroller?
5. Wie lange dauert die Fahrt mit dem Fahrrad?
6. Um wieviel Uhr fährt der Bus in Bielefeld ab?
7. Um wieviel Uhr fährt die Straßenbahn in Bielefeld ab?
8. Um wieviel Uhr kommt der Bus in Brunnheim an?
9. Um wieviel Uhr kommt die Straßenbahn in Brunnheim an?

F

1. In welcher Straße hält der Bus in Brunnheim?
2. In welcher Straße hält die Straßenbahn?
3. In welcher Straße ist das Krankenhaus?
4. In welcher Straße ist die Polizeiwache?
5. In welcher Straße ist der Bahnhof?

G

1. Wieviel verdient der Koch jeden Monat?
2. Was kostet seine Busfahrt?

3. Wieviel verdient die Kellnerin jeden Monat?
4. Was kostet ihre Straßenbahnfahrt?
5. Was kostet die Busfahrt jede Woche?
6. Was kostet die Straßenbahnfahrt jeden Monat?
7. Wieviel verdient der Arzt jedes Jahr?
8. Wieviel verdient der Polizist jede Woche?
9. Wieviel verdient der Gepäckträger jeden Monat?
10. Verdient der Polizist mehr oder weniger als die Kellnerin?
11. Verdient der Gepäckträger mehr als der Koch?
12. Ist die Straßenbahnfahrt billiger als die Busfahrt?
13. Fährt die Straßenbahn langsamer als der Bus?
14. Was kostet die Straßenbahnfahrt jede Woche?
15. Wieviele Pfennige sind eine Mark?
16. Was ist der Sammelbegriff für Pfennige und Mark?
17. Was ist der Sammelbegriff für Koffer und Taschen?

H

1. Wo parkt der Polizist seinen Motorroller?
2. Wo läßt der Gepäckträger sein Fahrrad?
3. Wo parkt der Arzt seinen Wagen?

I

1. Was bist du von Beruf?
2. Wo arbeitest du?
3. Wie fährst du zur Schule?
4. Was kostet die Fahrt?
5. Wie lange dauert die Fahrt zur Schule?
6. Fährst du jeden Tag zur Schule?
7. Was kostet die Fahrt jeden Monat?
8. Was kostet die Fahrt jede Woche?
9. Wo parkst du deinen Motorroller?
10. Wo läßt du dein Fahrrad?
11. Wo parkst du deinen Wagen?
12. Warum kommst du samstags nicht zur Schule?

J

1. Wohin fährt der Polizist?
2. Wohin fährt der Gepäckträger?
3. Fährt der Koch zum Restaurant?
4. Und die Kellnerin?
5. Wohin fährt der Arzt?

# *Kapitel zehn*

Hier ist das Haus von Familie Lohmann. Es steht in der Beethovenallee. Das Haus hat einen Keller, ein Erdgeschoß, einen ersten Stock, einen zweiten Stock und einen Dachboden.

In dem Keller ist die Anlage für die Zentralheizung. Dort hat Herr Lohmann auch seinen Wein in einem großen Regal. In dem Keller ist es sehr kühl. Frau Lohmann bewahrt dort auch Kartoffeln, Gemüse und Dosen auf.

Im Erdgeschoß sind der Flur und vier Zimmer: die Küche, das Eßzimmer, das Arbeitszimmer von Herrn Lohmann und das Wohnzimmer. In dem Wohnzimmer steht ein großer Fernsehapparat.

Im ersten Stock sind drei Zimmer: das Badezimmer, das Schlafzimmer von Maria und das Schlafzimmer von Herrn und Frau

Lohmann. Im zweiten Stock sind auch drei Zimmer: das Schlafzimmer von Barbara und Elisabeth, das Schlafzimmer von Konrad und ein Gästezimmer.
Vor dem Haus ist ein Garten. Rechts von dem Haus ist die Garage.

## *Aufgaben*

A

1. Wessen Haus ist das?
2. In welcher Straße steht es?
3. Was ist ein Haus?
4. Wieviele Stockwerke hat das Haus von der Familie Lohmann?
5. Hat das Haus auch zwei Keller?
6. Wieviele Zimmer sind im Erdgeschoß?
7. Wieviele Zimmer sind im ersten Stock?
8. Wessen Schlafzimmer sind im zweiten Stock?
9. Ist die Küche auch im zweiten Stock?
10. Wo ist die Anlage für die Zentralheizung?
11. Wo ist das Badezimmer?
12. In welchem Zimmer kocht man?
13. In welchem Zimmer ißt man?
14. In welchem Zimmer kann man fernsehen?
15. Was kann man im Wohnzimmer sonst noch machen?
16. Was macht man im Schlafzimmer?
17. Wo wäscht man sich?
18. Was hat Herr Lohmann im Keller?
19. Ist der Wein in einem Schrank?
20. Wo bewahrt Frau Lohmann die Kartoffeln auf?
21. Was bewahrt sie sonst noch im Keller auf?
22. Was bewahrt man in einer Bank auf?
23. Was bewahrt man in einem Bücherschrank auf?
24. Wo ist der Garten von der Familie Lohmann?
25. Was steht rechts von dem Haus?
26. Was steht im Wohnzimmer?

B

1. Wohnst du in einer Wohnung oder in einem Haus?
2. In welcher Straße ist euer Haus (eure Wohnung)?
3. Wieviele Zimmer sind im Erdgeschoß?
4. Ist euer Badezimmer im Erdgeschoß?
5. Wieviele Schlafzimmer hat euer Haus (eure Wohnung)?
6. Wieviele Stockwerke hat euer Haus?
7. In welchem Stock ist eure Küche?

8. Wessen Schlafzimmer ist im ersten Stock?
9. Bist du jetzt in einem Wohnzimmer oder in einem Klassenzimmer?
10. In welchem Stock ist dieses Zimmer?
11. In welchem Stock ist das Lehrerzimmer in der Schule?
12. Welches Gebäude steht rechts von der Schule?
13. Was macht man in der Schule?
14. Was macht man auf einer Universität?
15. Wo ist euer Garten?
16. Wo ist eure Garage?
17. Was für einen Wagen hast du?

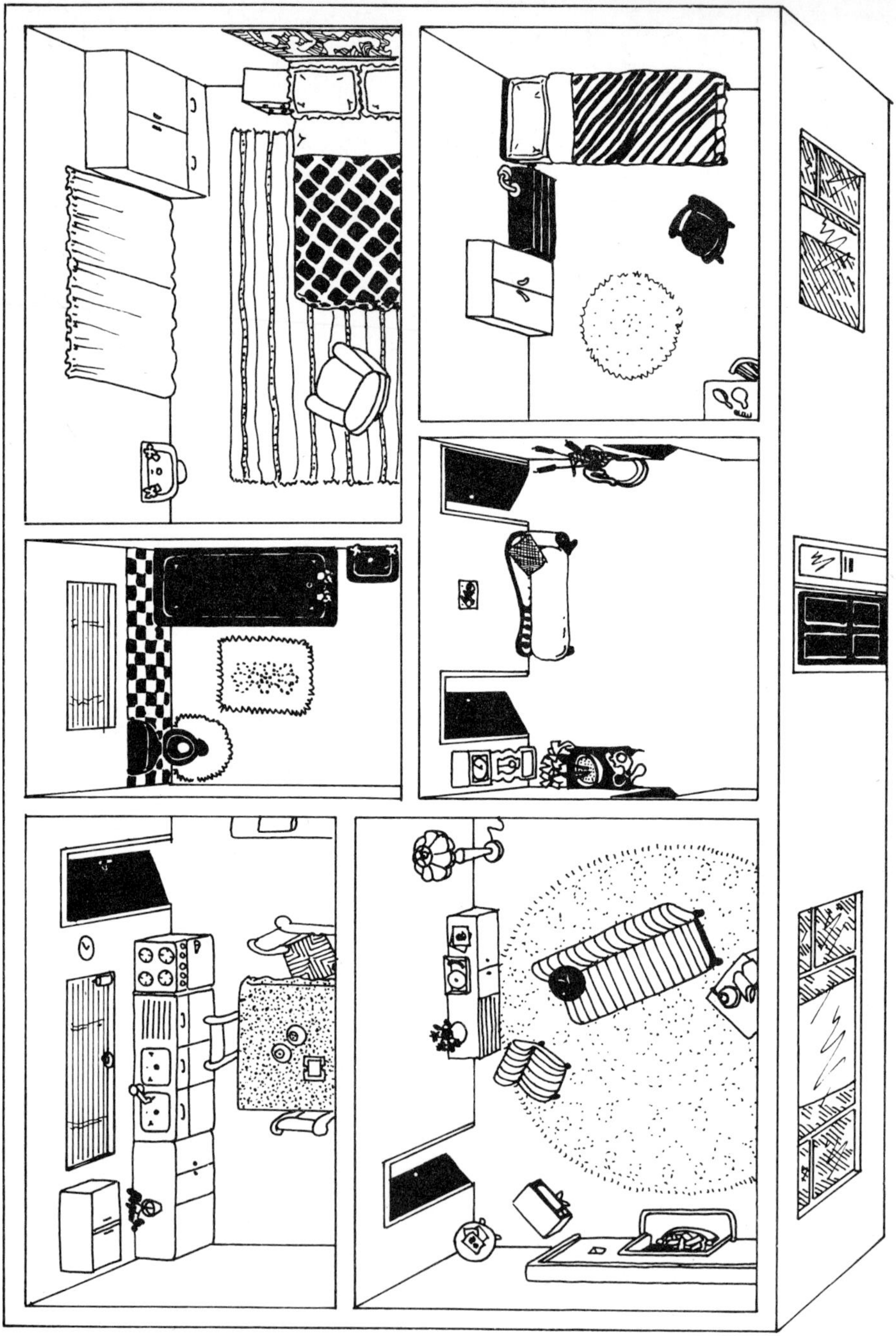

# *Kapitel elf*

Auf der Insel Sylt hat die Familie Lohmann eine kleine Wohnung. Sie fährt jeden Sommer dorthin. Obwohl die Wohnung nicht sehr groß ist, ist sie groß genug, denn die ganze Familie fährt nie auf einmal nach Sylt. Manchmal fahren die Eltern allein, manchmal fährt Konrad mit einem Freund, und manchmal fahren die drei Mädchen zusammen. Links ist ein Plan von der Wohnung:

## *Aufgaben*

1. Wo sind die Badewanne, das schwarze Waschbecken und die Toilette?
2. Was für ein Becken ist in der Küche?
3. Wo ist das Spülbecken in der Küche? (3 Antworten!)
4. Hängt die Uhr in der Küche über dem Tisch?
5. Hängt der Schrank in der Küche an der Tür?
6. Was für ein Tisch steht in der Küche, und was liegt darauf?
7. Welches Möbelstück steht im Wohnzimmer zwischen der Tür und der großen Lampe?
8. Was steht zwischen dem Kamin und dem runden Tisch?
9. Wo steht die große Lampe im Wohnzimmer?
10. Liegt der kleine runde Teppich vor der Kommode?
11. Auf welchem Bett liegt die karierte Decke?
12. In welchem Schlafzimmer steht der kleine Schrank?
13. Wo steht er in dem Zimmer?
14. Welcher Teppich liegt im Wohnzimmer?
15. Über welchem Bett hängt das große Bild?
16. Welche Vase steht in dem Flur?
17. Welches Bild hängt im Flur?
18. Welcher Sessel steht neben dem kleinen Bett?
19. Auf welchem Teppich steht der andere Sessel?
20. Welche Uhr ist in der Küche?
21. Welches Bett ist in dem großen Schlafzimmer?
22. Welcher Blumentopf steht auf dem Schrank in der Küche?
23. Welches Kissen liegt auf dem altmodischen Sofa?
24. Wo ist das weiße Waschbecken?
25. Welches Sofa steht im Wohnzimmer?
26. Was für ein Sofa habt ihr zu Hause?
27. Habt ihr einen weißen Wagen?
28. Was für Tiere habt ihr?
29. Was für einen Fernsehapparat habt ihr?

# *Kapitel zwölf*

1

Das ist die Bäckerei in Brunnheim. Die Bäckerei ist in der Hauptstraße. Frau A. ist schon in der Bäckerei. Sie steht vor dem Ladentisch. Der Bäcker steht hinter dem Ladentisch. Die andere Frau geht in die Bäckerei. Sie trägt ein weißes Kleid und schwarze Schuhe. Sie will auch Brot kaufen.

2

Das ist die Metzgerei in Brunnheim. Sie ist in der Kaiserstraße. Frau B. ist jetzt in der Metzgerei. Sie kauft Fleisch. Der Metzger steht an dem Fenster. Er schneidet für Frau B. ein Stück Fleisch. Die andere Frau geht in die Metzgerei. Sie trägt einen Hut. Sie will auch Fleisch kaufen.

3

Das ist die Buchhandlung in Brunnheim. Sie ist in der Hegelstraße. Herr A. ist schon in der Buchhandlung. Er steht an dem Ladentisch. Der Verkäufer steht an dem Bücherschrank. Ein anderer Herr geht in die Buchhandlung. Er trägt einen Schal. Er will auch ein Buch kaufen.

4

Das ist die Apotheke in Brunnheim. Sie ist in der Kammerstraße. Der Apotheker ist in der Apotheke. Er steht an der Tür. Er trägt einen weißen Kittel. Herr B. geht in die Apotheke. Er hält einen Regenschirm. Er will Medikamente kaufen.

5

Hier sind eine Kirche, ein Pfarrer und eine Mutter und Tochter. Der Pfarrer ist in der Kirche. Es schneit. Die Mutter und ihre Tochter tragen Wintermäntel und Stiefel. Sie gehen in die Kirche. Sie wollen beten.

6

Hier sind eine Schule, ein Lehrer und zwei Schüler. Der Lehrer ist in der Schule. Er steht an dem Fenster. Die Kinder gehen in die Schule. Sie wollen lernen.

## *Aufgaben*

A

1. Wohin geht die Frau mit dem Korb?
2. Wohin geht der Herr mit dem Schal?
3. Wohin geht die Frau mit dem Hut?
4. Wohin geht der Herr mit dem Regenschirm?
5. Wohin gehen die Frau und das Mädchen?
6. Wohin gehen die Jungen?

B

1. Was macht ein Bäcker?
2. Was macht ein Metzger?
3. Was ist ein anderes Wort für Metzger?
4. Was macht ein Verkäufer in einer Buchhandlung?
5. Was verkauft ein Apotheker?
6. Was macht ein Lehrer?
7. Was macht ein Schüler?

C

1. Was siehst du auf dem ersten Bild?
2. Ist Frau A. in der Apotheke?
3. Wo steht der Bäcker?
4. Wo steht Frau A.?
5. Was kauft sie?
6. Was macht die andere Frau?
7. Was hält sie?
8. In welcher Hand?
9. In welcher Straße ist die Bäckerei?
10. Was trägt die Frau mit dem Korb?
11. Was will sie kaufen?

D

1. Was siehst du auf dem zweiten Bild?
2. Ist Frau B. in der Buchhandlung?
3. Steht der Metzger an dem Ladentisch?
4. Was macht er?
5. Womit kann man schneiden?
6. Was macht die Frau mit dem Hut?
7. Was will sie kaufen?
8. In welcher Straße ist die Metzgerei?

E

1. Was siehst du auf dem dritten Bild?
2. Wo ist Herr A?
3. Steht er an dem Fenster?
4. Wo steht der Verkäufer?
5. Was hält der Verkäufer?
6. In welcher Hand?
7. Was macht der andere Herr?
8. Was will er kaufen?
9. In welcher Straße ist die Buchhandlung?

F

1. Was siehst du auf dem vierten Bild?
2. In welcher Straße ist die Apotheke?
3. Wer ist schon in der Apotheke?
4. Wo steht er?
5. Was trägt er?
6. Was macht Herr B.?
7. Was hält er?
8. In welcher Hand?
9. Was will er kaufen?

G

1. Was siehst du auf dem fünften Bild?
2. Wo ist der Pfarrer?
3. Was wollen die Mutter und ihre Tochter machen?
4. Wie ist das Wetter?
5. Warum tragen die Mutter und ihre Tochter Stiefel?
6. Was trägt der Pfarrer?

H

1. Was siehst du auf dem sechsten Bild?
2. Wo ist der Lehrer?
3. Was wollen die Schüler machen?

I

1. In was für einem Laden kauft man Brot? (Man kauft es...)
2. In was für einem Laden kauft man Bücher?
3. In was für einem Laden kauft man Fleisch?
4. In was für einem Laden kauft man Medikamente?
5. Wo lernt man?
6. Wo betet man?

J

1. Geht man in eine Apotheke, wenn man Brot kaufen will?
2. Wohin geht man, wenn man Bücher kaufen will?
3. Wann geht man in eine Metzgerei?
4. Wohin geht man, wenn man Medikamente kaufen will?
5. Wo lernt man?
6. Wo studiert man?
7. Kocht man in einem Schlafzimmer?
8. Wo wäscht man sich?
9. In was für einem Zimmer schläft man?
10. Bist du jetzt in einem Eßzimmer?
11. Wohin geht man, wenn man lernen will?
12. Wohin geht man, wenn man beten will?

# *Kapitel dreizehn*

Herr Lohmann und seine Frau stehen gleichzeitig auf – meistens gegen halb sieben. Frau Lohmann zieht ihren Morgenrock an und geht sofort nach unten in die Küche. Dort bereitet sie das Frühstück für ihre Familie.

Zuerst füllt sie den Kessel mit Wasser. Dann zündet sie den Gasherd mit einem Streichholz an und setzt das Wasser auf. Für ihren Mann kocht sie zwei Eier. Ihre Kinder essen morgens wenig – vielleicht eine Scheibe Brot oder ein Brötchen mit Käse oder mit Marmelade darauf. Dazu trinken sie eine Tasse Kaffee oder manchmal auch Tee. Die Familie frühstückt in der Küche, außer sonntags, weil sie dann mehr Zeit hat. Sonntags frühstückt sie im Eßzimmer. Während die Eier und das Wasser kochen, deckt Frau Lohmann den Tisch. Sie holt die Milch, die Butter und den Käse aus dem Kühlschrank, schneidet das Brot und macht dann den Kaffee oder den Tee. Wenn alles fertig ist, stellt sie das Radio an, weil sie immer gern die Nachrichten und den Wetterbericht um sieben Uhr hört. Dann ruft sie ihren Mann und die Kinder nach unten.

Eine Kaffeekanne. Man macht Kaffee in einer Kaffeekanne.

Ein Topf. Man kocht Eier in einem Topf.

Eine Pfanne. Man brät ein Ei in einer Pfanne.

Ein Kessel. Man kocht Wasser in einem Kessel.

Eine Teekanne. Man macht Tee in einer Teekanne.

## *Aufgaben*

A

1. Wo ist Frau Lohmann auf dem ersten Bild?
2. Was macht sie auf dem ersten Bild?
3. Was macht sie auf dem zweiten Bild?
4. Was macht sie auf dem dritten Bild?
5. Wo ist sie auf dem dritten Bild?
6. Was macht sie auf dem vierten Bild?
7. Auf welchem Bild setzt sie das Wasser auf?
8. Auf welchem Bild setzt sie den Topf auf?
9. Auf welchem Bild holt sie den Käse aus dem Kühlschrank?
10. Was macht sie auf dem letzten Bild?

B

1. Um wieviel Uhr steht Herr Lohmann auf?
2. Steht Frau Lohmann auch um 6.30 Uhr auf?
3. Was zieht Frau Lohmann an?
4. Was macht sie dann?
5. In welches Zimmer geht sie?
6. Ist die Küche oben?
7. Wo kocht man?
8. Ist das Schlafzimmer von Herrn und Frau Lohmann unten?
9. Was macht Frau Lohmann in der Küche?
10. Für wen bereitet sie das Frühstück?
11. Wo bereitet sie es?
12. Was macht sie zuerst in der Küche?
13. Was macht sie dann?
14. Füllt man einen Füllhalter mit Wasser oder mit Tinte?
15. Füllt man eine Pfeife mit Gras oder mit Tabak?
16. Womit füllt man einen Benzintank?
17. Womit zündet Frau Lohmann den Gasherd an?
18. In welcher Hand hält sie das Streichholz?
19. Was hält sie in der anderen Hand?
20. Woraus ist der Kessel?
21. Woraus ist das Streichholz?
22. Was ist in dem Kessel?
23. Frau Lohmann zündet den Gasherd an und setzt das Wasser auf. Was macht sie dann?
24. Für wen kocht sie die Eier?
25. Worin kocht man Eier?
26. Brät man ein Spiegelei auch in einem Topf?
27. Worin kocht man Wasser?
28. Wann braucht man einen Topf?
29. Was braucht man, wenn man ein Ei braten will?
30. Wann braucht man eine Teekanne?
31. Worin macht man Tee und Kaffee?
32. Was essen die Kinder morgens?
33. Wo kauft man Brot?
34. Die Kinder essen eine Scheibe Brot. Womit schneidet man
    (*a*) Brot? (*b*) Papier? (*c*) Haare?
35. Trinken die Kinder immer Tee zum Frühstück?
36. Essen die Kinder morgens viel?
37. Essen Tiere?
38. In welchem Zimmer frühstückt die Familie Lohmann?

39. Frühstückt die Familie Lohmann jeden Tag in der Küche?
40. Warum frühstückt sie sonntags im Eßzimmer?
41. Wann deckt Frau Lohmann den Tisch?
42. Was braucht man, wenn man einen Tisch deckt?
43. Woher holt sie die Milch?
44. Was holt sie sonst noch?
45. Welche Farbe hat Milch?
46. Trinkt man Kaffee aus einem Glas oder aus einer Tasse?
47. Woraus trinkt man Tee?
48. Woher holt Frau Lohmann die Butter?
49. Was macht man aus Milch?
50. Was macht man sonst noch daraus?
51. Woher holt Frau Lohmann den Käse?
52. Was macht sie mit dem Brot?
53. Womit?
54. Schneidet man Papier auch mit einem Messer?
55. Woraus macht man Papier?
56. Wann stellt Frau Lohmann das Radio an?
57. Warum?
58. Um wieviel Uhr hört Frau Lohmann den Wetterbericht?
59. Um wieviel Uhr hörst du den Wetterbericht?
60. Wen ruft Frau Lohmann?
61. Hört man in England den Wetterbericht um 7.55 Uhr im Radio oder im Fernsehen?

C

1. Um wieviel Uhr stehst du auf?
2. Wie lange schläfst du?
3. Was für einen Morgenrock / Anzug / Mantel / Schal hast du?
4. Habt ihr einen Gasherd oder einen elektrischen Herd zu Hause?
5. Was trinkst du zum Frühstück?
6. Was ißt du morgens?
7. In welchem Zimmer frühstückst du?
8. Habt ihr ein deutsches Radio?
9. Um wieviel Uhr hörst du die Nachrichten im Radio?
10. Um wieviel Uhr hört man sie im Fernsehen?
11. Was für einen Fernsehapparat habt ihr?
12. Wie ist der Wetterbericht für morgen?
13. Was ziehst du an, wenn du aufstehst?
14. Was ziehst du an, wenn es regnet?
15. Was ziehst du an, wenn du schwimmen willst?
16. Was für einen Mantel ziehst du an, wenn es sehr kalt ist?
17. Bereitet die Köchin in der Schule das Frühstück oder das Mittagessen?
18. Für wen bereitet sie es?
19. Warum bereitet sie es am Samstag und am Sonntag (am Wochenende) nicht?
20. Stehst du am Wochenende früher oder später als normalerweise (gewöhnlich) auf?
21. Warum?
22. Woher holst du deine Socken, wenn du dich anziehst?
23. Woher holst du deine Hose / deinen Rock?

# *Kapitel vierzehn*

1 Das ist das Haus von Familie Lohmann. Frau Lohmann ist schon in dem Haus. Sie hält die Haustür offen für ihren Mann. Es regnet, und Herr Lohmann trägt einen Regenmantel. In der rechten Hand hält er einen Regenschirm. Er geht in das Haus.

1

2

2 Hier sind zwei Jungen und ein kleines Boot. Sie wollen angeln. Der große Junge sitzt in dem Boot. Er will rudern. Der kleine Junge hält eine Angelrute. Er trägt Gummistiefel, ein kariertes Hemd und eine Lederhose. Er steigt in das Boot. Er will angeln.

3 Hier sind zwei Jungen und ein großes Bett. Der Junge mit dem gestreiften Schlafanzug ist im Bett. Er schläft schon. Sein Bruder trägt einen karierten Schlafanzug und hält auch ein Buch. Er will lesen. Er steigt in das Bett.

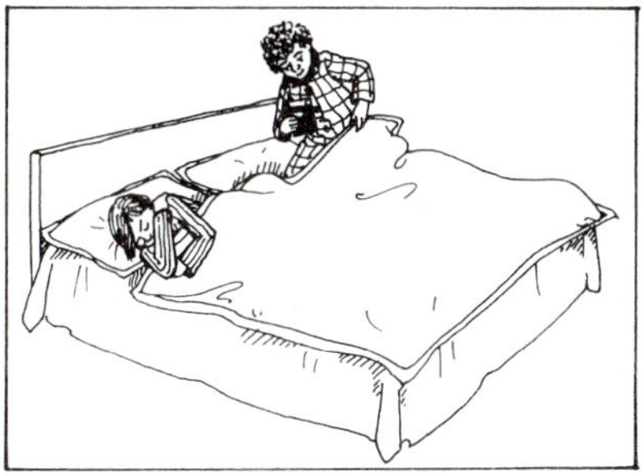

3

4

4 Hier sind ein schnelles Auto und zwei junge Leute. Sie wollen nach Frankfurt fahren. Der junge Mann sitzt in dem Auto. Die junge Dame ist seine Freundin. Sie trägt eine Mütze und einen Hosenanzug. Sie steigt in das Auto.

5 Hier ist ein großes Flugzeug. Der Pilot und die Passagiere sind schon in dem Flugzeug. Sie wollen nach Spanien fliegen. Die Stewardess steigt in das Flugzeug. Sie trägt eine Uniform.

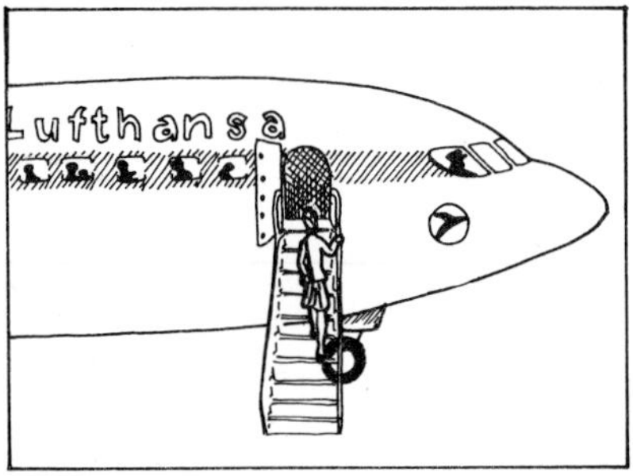


5

6

6 Hier sind ein Wohnzimmer und zwei Frauen. Sie wollen fernsehen. Die Frau mit dem schwarzen Kleid sitzt schon in dem Wohnzimmer. Die andere Frau geht in das Wohnzimmer. Sie haben einen Farbfernseh-apparat.

## *Aufgaben*

A

1. Wohin geht Herr Lohmann auf dem ersten Bild?
2. Was macht der Junge mit der Angelrute?
3. Was macht der Junge mit dem Buch?
4. Was macht die junge Dame auf dem vierten Bild?
5. Was macht die Stewardess?
6. Was macht die Frau mit dem Rock?

B

1. Was siehst du auf dem ersten Bild?
2. Wo ist Frau Lohmann?
3. Was macht sie?
4. Was trägt ihr Mann?
5. Warum?
6. Was hält er?
7. Was siehst du auf dem zweiten Bild?
8. Wie ist der Junge mit der Angelrute?
9. Wie ist der andere Junge?
10. Wo ist er?
11. Was will er machen?
12. Was will der kleine Junge machen?
13. Was trägt er?
14. Was siehst du auf dem dritten Bild?

15. Wo ist der Junge mit dem gestreiften Schlafanzug?
16. Was macht er?
17. Was will der andere Junge machen?
18. Wie sind die Jungen verwandt?
19. Wie ist das Bett?
20. Was siehst du auf dem vierten Bild?
21. Wo ist der junge Mann?
22. Was trägt die junge Dame?
23. Was wollen der junge Mann und seine Freundin machen?
24. Wie ist das Auto?
25. Was für eine Stadt ist Frankfurt?
26. Was siehst du auf dem fünften Bild?
27. Wo sind die Passagiere?
28. Was wollen sie machen?
29. Was trägt die Stewardess?
30. Was für ein Flugzeug ist auf dem Bild?
31. Was ist Spanien?
32. Was siehst du auf dem sechsten Bild?
33. Wo ist die Frau mit dem schwarzen Kleid?
34. Was trägt die andere Frau?
35. Was wollen sie machen?
36. Was für einen Fernsehapparat haben sie?
37. Worauf sitzt die Frau mit dem Kleid?
38. Habt ihr einen Schwarzweißfernsehapparat zu Hause?

# *Kapitel fünfzehn*

1

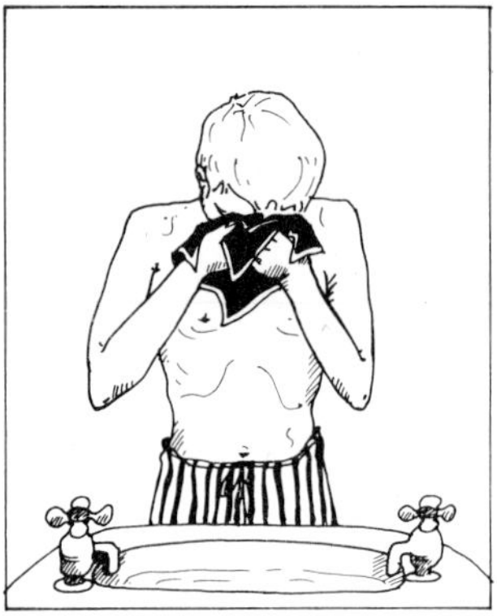

2

3

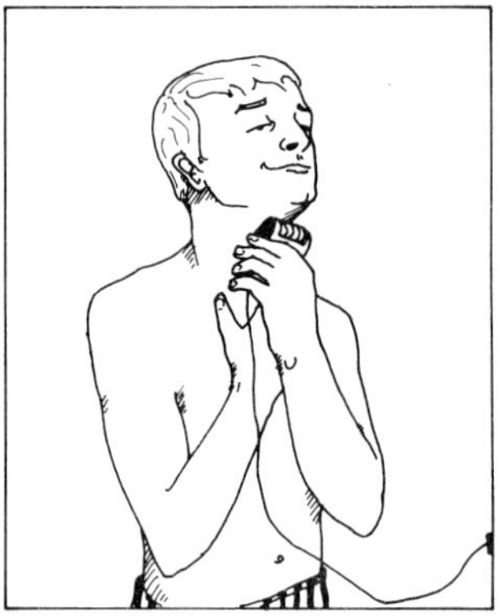

4

5

Während Frau Lohmann in der Küche arbeitet, ist ihr Mann im Badezimmer. Er putzt sich zuerst die Zähne und wäscht sich dann das Gesicht mit kaltem Wasser. Danach nimmt er ein Handtuch und trocknet sich das Gesicht ab. Dann rasiert er sich. Dazu braucht er kein Wasser, weil er sich nicht naß rasiert, sondern mit einem elektrischen Rasierapparat. Er geht dann in das Schlafzimmer zurück, zieht sich an und bürstet und kämmt sich die Haare. Wenn er fertig ist, weckt er seine drei Töchter. Sie machen sich dann auch fertig und gehen nach unten.

Lehrer: Ich wasche mir das Gesicht mit Seife und Wasser.
Ich trockne mir das Gesicht mit einem Handtuch.
Ich putze mir die Zähne mit Zahnpasta.
Ich kämme mir die Haare mit einem Kamm.
Ich bürste mir die Haare mit einer Haarbürste.
Ich putze mir die Nase mit einem Taschentuch.
Ich rasiere mich mit einem Rasierapparat.

Was machst du mit einer Zahnbürste? usw.

Schüler: Ich bürste mir die Zähne. usw.

## *Aufgaben*

A

1. Was macht Herr Lohmann auf dem ersten Bild?
2. Was hält er in der linken Hand?
3. Was hält er sonst noch?
4. Was für einen Bademantel trägt er?
5. Was für einen Schlafanzug trägt er?
6. Was für eine Zahnbürste hast du?
7. Was für eine Haarbürste hast du?
8. Was für einen Kamm hast du?
9. Was für einen Bademantel hast du?

B

1. Was macht Herr Lohmann auf dem zweiten Bild?
2. Was trägt er auf dem zweiten Bild?
3. Was macht er auf dem dritten Bild?
4. Was macht er auf dem vierten Bild?
5. Womit rasiert er sich?
6. Was für Wasser braucht man, wenn man sich naß rasieren will?

C

1. Was macht Herr Lohmann auf dem fünften Bild?
2. Wo ist er auf dem ersten Bild?
3. In welchem Zimmer ist er auf dem fünften Bild?
4. In welchem Zimmer bist du jetzt?
5. Steht Herr Lohmann vor einem Bücherschrank?
6. Zieht er einen karierten Mantel an?
7. Was für Schuhe trägt er?
8. Was für eine Jacke trägt er?

D

1. Auf welchem Bild zieht sich Herr Lohmann an?
2. Auf welchem Bild rasiert er sich?
3. Auf welchem Bild wäscht er sich das Gesicht?
4. Auf welchem Bild nimmt er das Handtuch?
5. Auf welchem Bild putzt er sich die Zähne?

E

1. In welchem Zimmer kocht man?
2. In welchem Zimmer ißt man?
3. In welchem Zimmer schläft man?
4. In welchem Zimmer wäscht man sich?

F

1. Wäschst du dir das Gesicht mit kaltem oder mit warmem Wasser?
2. Putzt du dir die Zähne mit warmem Wasser?
3. Womit trocknest du dir das Gesicht ab?
4. Rasierst du dich naß oder elektrisch?
5. Womit bürstest du dir die Haare?
6. Womit kämmst du dir die Haare?
7. Ziehst du dich in der Küche an?
8. Wie oft putzt du dir jeden Tag die Zähne?
9. Wie oft wäschst du dir jeden Tag das Gesicht?
10. Wie oft rasierst du dich jeden Tag – nur einmal oder überhaupt nicht?

G

(*a*)

1. Was braucht man, wenn man sich rasieren will?
2. Was braucht man, wenn man Brot schneiden will?
3. Was braucht man, wenn man schreiben will?
4. Was braucht man, wenn man etwas kaufen will?

5. Was braucht man, wenn man sich das Gesicht trocknen will?
6. Was braucht man, wenn man Papier schneiden will?
7. Was braucht man, wenn man sich kämmen will?
7. Was braucht man, wenn man nähen will?
9. Was braucht man, wenn man etwas messen will?
10. Was braucht man, wenn man ein Ei kochen will?
11. Was braucht man, wenn man hämmern will?
12. Was braucht man, wenn man graben will?
13. Was braucht man, wenn man bohren will?
14. Was braucht man, wenn man fotografieren will?
15. Was braucht man, wenn man radieren will?

(*b*)

1. Wann braucht man ein Stück Seife und Wasser?
2. Wann braucht man eine Zahnbürste und Zahnpasta?
3. Wann braucht man eine Pfanne?
4. Wann braucht man Schampun?
5. Wann zieht man Fußballschuhe an?
6. Wann zieht man Tennisschuhe an?
7. Wann zieht man eine Badehose an?

H

1. Gehst du ins Badezimmer oder ins Schlafzimmer, wenn du schlafen willst?
2. In welches Zimmer gehst du, wenn du fernsehen willst?
3. In welches Zimmer geht man, wenn man sich waschen will?
4. In welches Zimmer geht man, wenn man kochen will?
5. In welches Zimmer geht man, wenn man essen will?
6. Gehst du ins Theater, wenn du einen Film sehen willst?
7. Gehst du ins Hotel, wenn du schwimmen willst?
8. Gehst du in die Apotheke, wenn du auswärts (d.h. nicht zu Hause) essen willst?
9. Wohin geht man, wenn man sehr krank ist?
10. Wohin geht man, wenn man ein Theaterstück sehen will?

I

1. Wo ist Herr Lohmann, während Frau Lohmann in der Küche arbeitet?
2. Was macht er zuerst im Badezimmer?
3. In welcher Hand hält er die Zahnbürste?
4. Was hält er in der anderen Hand?
5. Womit bürstet man sich die Zähne?
6. Bürstet man sich die Zähne mit warmem Wasser?

7. Wäscht Herr Lohmann sich das Gesicht mit warmem Wasser?
8. Was macht er mit dem Handtuch?
9. Was für Wasser braucht er, wenn er sich rasiert?
10. Warum?
11. Was ist das Gegenteil von trocken?
12. Womit rasiert man sich?
13. Womit trocknet man sich das Gesicht ab?
14. Womit kämmt man sich die Haare?
15. Was macht man mit einer Haarbürste?

# *Kapitel sechzehn*

Hier ist ein großer Garten. In dem Garten sind Kinder. Sie spielen. Ein Mann geht in den Garten. Er schiebt einen Rasenmäher. Er will den Rasen mähen.

Hier sind ein Käfig und zwei Vögel. Der schwarze Vogel sitzt in dem Käfig. Der andere Vogel fliegt in den Käfig.

Hier sind ein altmodischer Wagen und zwei Leute. Die Frau sitzt in dem Wagen. Der Mann steigt in den Wagen.

Hier ist ein elektrischer Zug. In dem Zug sitzen Fahrgäste. Eine Frau steigt in den Zug.

Hier sind ein Baum und zwei Vögel. Der weiße Vogel sitzt in dem Baum. Der andere Vogel fliegt in den Baum.

Hier ist ein Parkplatz. Ein französischer Wagen steht auf dem Parkplatz. Ein deutscher Wagen fährt auf den Parkplatz.

## *Aufgaben*

A

1. Wohin geht der Mann mit dem Rasenmäher?
2. Wohin fliegt der Vogel auf dem zweiten Bild?
3. Was macht der Mann auf dem dritten Bild?
4. Was macht die Frau auf dem vierten Bild?
5. Was macht der schwarze Vogel auf dem fünften Bild?
6. Wohin fährt der deutsche Wagen auf dem sechsten Bild?

B

1. Was siehst du auf dem ersten Bild?
2. Wo sind die Kinder?
3. Trägt der Mann den Rasenmäher?
4. Was will er damit machen?
5. Wo ist der Rasen?
6. Was siehst du auf dem zweiten Bild?
7. Wie ist die Tür von dem Käfig?
8. Wo ist der schwarze Vogel?
9. Was siehst du auf dem dritten Bild?
10. Wie ist der Wagen?
11. Wo ist der Mann?
12. Was siehst du auf dem vierten Bild?
13. Wo sind die Fahrgäste?
14. Was siehst du auf dem fünften Bild?
15. Wo sitzt der weiße Vogel?
16. Was siehst du auf dem sechsten Bild?
17. Wo steht der französische Wagen?

# *Kapitel siebzehn*

Diese Frau hält eine Gießkanne. Auf dem Tisch steht eine Vase. Sie gießt das Wasser in die Vase. In der Vase sind Blumen.

Diese Frau hält eine Kaffeekanne. Eine Tasse steht auf dem Tisch. Die Frau gießt den Kaffee in die Tasse. In der Tasse ist ein Löffel.

Dieses Mädchen hält eine Teekanne. Auf dem Tisch steht ein Glas. Das Mädchen gießt den Tee in das Glas. In dem Glas ist Zucker.

Dieses Mädchen hält eine Flasche. In der Flasche ist ein Spülmittel. Man braucht ein Spülmittel, wenn man Geschirr spülen (abwaschen) will. Das Mädchen gießt ein wenig Spülmittel in das Spülbecken. In dem Spülbecken ist Geschirr. Geschirr ist der Sammelbegriff für Teller, Tassen und Untertassen.

Dieser Junge hält einen Becher und eine Flasche Limonade. Er gießt die Limonade in den Becher. In dem Becher ist ein Strohhalm.

Der Koch hält eine Tüte Milch und einen Topf. Er gießt die Milch in den Topf. In dem Topf ist Reis.

## *Aufgaben*

1. Was hält die Frau auf dem ersten Bild?
2. Was macht sie?
3. Wo sind die Blumen?
4. Was hält die Frau auf dem zweiten Bild?
5. Was macht sie?
6. Wo ist der Löffel?
7. Wann braucht man eine Kaffeekanne?
8. Was hält das Mädchen auf dem dritten Bild?
9. Wann braucht man eine Teekanne?
10. Was macht das Mädchen?
11. Wo ist der Zucker?
12. Was hält das Mädchen auf dem vierten Bild?
13. Was ist in der Flasche?
14. Wann braucht man ein Spülmittel?
15. Was macht das Mädchen?
16. Wo ist das Geschirr?
17. Was ist ein anderes Wort für "spülen"?
18. Wofür ist Geschirr der Sammelbegriff?
19. Was ist der Sammelbegriff für Koffe und Taschen?
20. Was ist der Sammelbegriff für Mark und Pfennig?
21. Wann braucht man Geschirr?
22. Was hält der Junge auf dem fünften Bild?
23. In welcher Hand hält er die Gegenstände?
24. Was macht er?
25. Wo ist der Strohhalm?
26. Was hält der Koch?
27. Was macht er?
28. Wo ist der Reis?

# *Kapitel achtzehn*

Dieser Mann hängt ein Bild an die Wand. Eine Uhr hängt schon an der Wand.

Dieser Junge hängt einen Käfig an die Mauer. Ein Seil hängt schon an der Mauer.

Dieses Mädchen stellt eine Schüssel unter den Stuhl. Eine Katze sitzt unter dem Stuhl.

Diese Frau stellt einen Tisch unter den Sonnenschirm.
Ihr Kind sitzt schon unter dem Sonnenschirm.

Dieses Mädchen steckt eine Münze in das Portemonnaie.
Ein Geldschein ist schon in dem Portemonnaie.

Diese Frau steckt ein Brot in das Einkaufsnetz.
Ein Päckchen liegt schon in dem Einkaufsnetz.

## *Aufgaben*

1. Was ist auf dem ersten Bild?
2. Was macht der Mann?
3. Was siehst du auf dem zweiten Bild?
4. Was macht der Junge?
5. Wieviele Tiere und Menschen sind auf dem dritten Bild?
6. Was macht das Mädchen?
7. Was siehst du auf dem vierten Bild?
8. Was macht die Frau?
9. Was hält das Mädchen auf dem fünften Bild?
10. Was macht es?
11. Was hält die Frau auf dem letzten Bild?
12. Was macht sie?
13. Wo ist das Päckchen?
14. Wo ist der Geldschein?
15. Sitzt das Kind unter dem Tisch?
16. Wo hängen das Seil und die Uhr?

# *Kapitel neunzehn*

Man ißt normalerweise drei Mahlzeiten am Tag. Die erste Mahlzeit heißt das Frühstück, die zweite heißt das Mittagessen und die dritte Mahlzeit heißt entweder das Abendessen oder das Abendbrot. Die Familie Lohmann frühstückt gewöhnlich gegen sieben Uhr. Frau Lohmann, Herr Lohmann und Maria essen um 13 Uhr zu Mittag. Barbara und Elisabeth essen um 14 Uhr zu Mittag, weil sie erst dann aus der Schule kommen. Die ganze Familie ißt um 18.30 Uhr zu Abend.
Auf diesem Bild sitzt die Familie Lohmann am Frühstückstisch.

Herr Lohmann setzt sich gerade auf seinen Stuhl. Er sitzt links von seiner Frau. Gegenüber von Frau Lohmann sitzt Maria. Rechts von ihr sitzt Elisabeth, und rechts von ihr sitzt Barbara.

Frau Lohmann legt ihren Serviettenring auf den Tisch. Sie hält ihre Serviette in der rechten Hand.
Elisabeth hält die Kaffeekanne in der rechten Hand. Mit der linken Hand hält sie den Deckel fest. Sie gießt den Kaffee in eine Tasse.
Barbara hält ein Messer in der rechten Hand und langt nach einem Brötchen. Die Brötchen und das Brot sind in dem Brotkorb. Rechts davon steht eine Platte mit Wurst, und rechts von der Platte steht ein Teller mit Käse.

Maria langt nach dem Milchkännchen. Daneben steht die Zuckerdose. Auf dem Tisch sind auch eine Butterdose, eine Schale mit Marmelade und Pfeffer – und Salzstreuer. Herr Lohmann braucht Pfeffer und Salz für seine Eier. Das eine Ei ist schon in einem Eierbecher, das andere liegt daneben auf dem Tisch.

Lehrer: Wo sitzt A in Bezug auf B?
Schüler: Er sitzt rechts von ihm (ihr).

Lehrer: Wo stehe ich in Bezug auf dich?
Schüler: Sie stehen vor (hinter, neben) mir.

Lehrer: Wo sitzt du in Bezug auf mich?
Schüler: Ich sitze vor (hinter, neben) Ihnen.

## *Aufgaben*

A

1. Wieviele Mahlzeiten ißt man normalerweise am Tag?
2. Was ist ein anderes Wort für normalerweise?
3. Wie heißt die erste Mahlzeit am Tag?
4. Wie heißt die zweite Mahlzeit am Tag?
5. Wie heißt die dritte Mahlzeit am Tag?

B

1. Was macht die Familie Lohmann gegen 7 Uhr?
2. Um wieviel Uhr frühstückst du?
3. Was machen Frau Lohmann, ihr Mann und Maria um 13 Uhr?
4. Um wieviel Uhr ißt du zu Mittag?
5. Um wieviel Uhr essen Elisabeth und Barbara zu Mittag?
6. Essen sie früher als ihre Eltern zu Mittag?
7. Warum essen sie erst um 14 Uhr zu Mittag?
8. Um wieviel Uhr kommst du aus der Schule?
9. Was macht die Familie Lohmann um 18.30 Uhr?
10. Um wieviel Uhr ißt du zu Abend?

C

1. Frühstückt Herr Lohmann mit seiner Schwester oder mit seiner Familie?
2. Ißt Elisabeth mit ihrem Bruder oder mit ihrer Schwester zu Mittag?
3. Frühstückt Frau Lohmann mit ihrem Sohn und mit ihrer Tochter?
4. Ißt Maria mit ihren Schwestern oder mit ihren Eltern zu Mittag?
5. Frühstückt Maria mit ihrem Bruder und ihren Schwestern?
6. Mit wem ißt Maria zu Abend?
7. Ißt Herr Lohmann mit seinem Sohn und seinen Töchtern zu Abend?
8. Mit wem frühstücken Elisabeth und Barbara?
9. Mit wem frühstückst du?
10. Mit wem ißt du zu Mittag?
11. Ißt du zu Hause zu Mittag?
12. Mit wem ißt du zu Abend?
13. Mit wem fährst du zur Schule?
14. Ißt du in der Schule zu Abend?
15. Wo essen Elisabeth und Barbara zu Mittag?

D

1. Wo sitzt die Familie Lohmann auf dem Bild?
2. Sitzt du an einem Tisch?
3. Worauf sitzt du?
4. Auf was für einem Stuhl sitzt du?
5. Sitz Elisabeth auf einem roten Stuhl?
6. Sitzt Herr Lohmann auch schon?
7. Setzt er sich auf einen Tisch?
8. Wer sitzt Maria gegenüber?
9. Sitzt Barbara links von Elisabeth?
10. Sitzt Frau Lohmann rechts von Elisabeth?
11. Wer sitzt Barbara und Elisabeth gegenüber?
12. Wer sitzt neben Elisabeth?

E

1. Wer sitzt rechts von dir?
2. Wer sitzt links von dir?
3. Wer steht hinter dir?
4. Wer steht vor dir?
5. Wer sitzt hinter dir?
6. Wer sitzt vor dir?
7. Wer macht bei dir das Frühstück?
8. Wer kocht bei dir das Mittagessen?
9. Wer kocht bei dir das Abendbrot?

F

1. Was trägt Barbara?
2. Was hält sie?
3. In welcher Hand hält sie es?
4. Wonach langt sie?
5. Wo sind die Brötchen?
6. Was ist sonst noch in dem Brotkorb?
7. Worauf liegt die Wurst?
8. Worauf liegt der Käse?
9. Steht die Platte links von dem Brotkorb?
10. Wo steht der Teller?
11. Was trägt Elisabeth?
12. In welcher Hand hält sie die Kaffeekanne?
13. Was macht sie mit der anderen Hand?
14. Gießt sie den Kaffee in eine Flasche?
15. Was trägt Maria?
16. Wonach langt sie?
17. Was steht neben dem Milchkännchen?
18. Was ist in der Zuckerdose?
19. Ist das Milchkännchen größer oder kleiner als die Kaffeekanne?
20. Steht die Zuckerdose links von dem Milchkännchen?
21. Wo steht die Butterdose?
22. Was steht rechts von der Butterdose?
23. Was ist in der Schale?
24. Was ist in dem Salzstreuer?
25. Was steht neben dem Salzstreuer?
26. Was ist in der Butterdose?
27. Was ist in dem Milchkännchen?
28. Was ist in dem Brotkorb?
29. Was ist auf der Platte?
30. Was ist auf dem Teller neben der Platte?
31. Wer braucht Salz und Pfeffer?
32. Wofür braucht er sie?
33. Liegen beide Eier auf dem Tisch?
34. Womit ißt man ein Ei?
35. Liegt der Löffel von Herrn Lohmann rechts von seinem Teller oder vor seinem Teller?
36. Wo liegt seine Gabel?
37. Wo liegt sein Messer?
38. Was steht rechts von seinem Messer?
39. Wo liegt seine Serviette?
40. Was trägt Frau Lohmann?
41. Legt sie ihren Serviettenring auf einen Teller?
42. In welcher Hand hält sie den Ring?
43. Was hält sie in der anderen Hand?

# *Kapitel zwanzig*

1 Dieses Bild zeigt eine Wiese, mehrere Kühe und einen Mann. Er ist Bauer von Beruf. Er treibt die Kühe über die Wiese.

2 Dieses Bild zeigt eine Brücke, einige Schweine und eine Frau. Die Frau treibt die Schweine über die Brücke.

3 Dieses Mädchen hält mehrere Tennisbälle. Es wirft sie über das Netz.

4 Dieser Cowboy hält ein Lasso. Er wirft es über das Pferd.

5 Dieses Bild zeigt einen Fuchs, mehrere Hühner und einen niedrigen Zaun aus Holz. Der Fuchs jagt die Hühner über den Zaun.

6 Auf diesem Bild sind ein Hund, mehrere Schafe und ein schmaler Fluß. Der Hund jagt die Schafe über den Fluß.

7 Dieses Bild zeigt ein Tor, eine Hecke und einen Baumstamm. Es zeigt auch drei Tiere: eine Katze, ein Pferd und ein Kaninchen. Die Katze springt über die Hecke, das Pferd springt über das Tor, und das Kaninchen springt über den Baumstamm.

## *Aufgaben*

1. Was siehst du auf dem ersten Bild?
2. Was macht der Bauer?
3. Was ist auf dem zweiten Bild?
4. Woraus ist die Brücke?
5. Was macht die Frau?
6. Wieviele Tiere und Menschen sind auf dem dritten Bild?
7. Was ist sonst noch darauf?
8. Was macht das Mädchen?
9. Was hält der Cowboy?
10. Was macht er damit?
11. Welche Tiere sind auf dem fünften Bild?
12. Wie ist der Zaun, und woraus ist er?
13. Was macht der Fuchs?
14. Was siehst du auf dem sechsten Bild?
15. Wie ist der Fluß?
16. Was macht der Hund?
17. Was ist auf dem letzten Bild?
18. Was machen die drei Tiere?

# *Kapitel einundzwanzig*

Auf diesem Bild sind ein Mädchen, ein Korb und eine Bank. Das Mädchen setzt den Korb auf die Bank.

Dieses Bild zeigt ein Mädchen, einen Eimer und eine Treppe. Das Mädchen setzt den Eimer auf die Treppe.

Hier sind eine Frau, eine Vase und ein Klavier. Die Frau setzt die Vase auf das Klavier.

Hier sind noch eine Frau, eine Lampe und ein Radio. Die Frau stellt die Lampe auf das Radio.

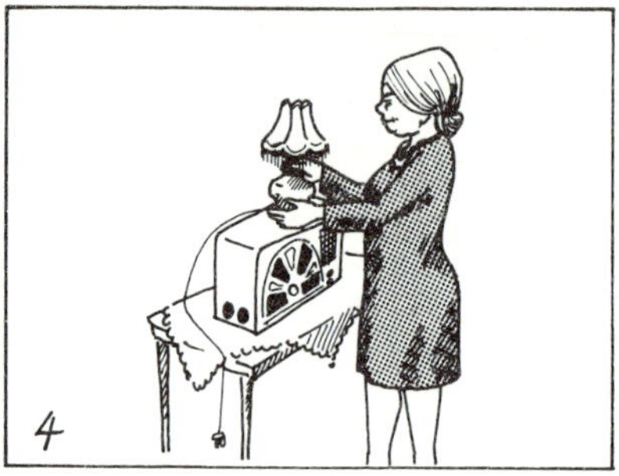


Dieses Bild zeigt einen Schrank und einen Mann mit einem Koffer. Er legt den Koffer auf den Schrank.

Dieses Bild zeigt einen Tisch und einen Mann mit einem Buch. Er legt das Buch auf den Tisch.

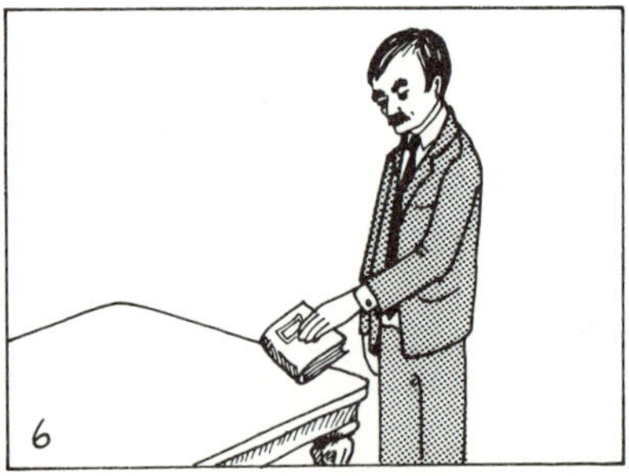

7

Auf diesem Bild sind drei Menschen, ein Stuhl, ein Sofa und eine Bank. Der Mann setzt sich auf den Stuhl, die Frau setzt sich auf das Sofa, und das Mädchen setzt sich auf die Bank.

Hier sind auch drei Menschen und ein Rasen, ein Bett und eine Luftmatraze. Der Junge legt sich auf den Rasen, der Mann legt sich auf das Bett, und das Mädchen legt sich auf die Luftmatraze.

8

## *Aufgaben*

1. Was macht das Mädchen mit dem Korb?
2. Stellt die Frau die Lampe auf das Klavier?
3. Was macht der Mann mit dem Koffer?
4. Was macht er mit dem Buch?
5. Worauf setzt das Mädchen den Eimer?
6. Worauf stellt die Frau die Vase?
7. Worauf legt sich der Junge auf dem achten Bild?
8. Worauf setzt sich die Frau auf dem siebenten Bild?
9. Was macht der Mann auf dem siebenten Bild?
10. Was macht das Mädchen auf dem letzten Bild?

# *Kapitel zweiundzwanzig*

Wenn man Auto fahren will, muß man einen Führerschein haben. Bevor man den Führerschein bekommt, muß man eine Fahrprüfung machen. In der Prüfung muß man nicht nur zeigen, daß man den Wagen gut fahren kann, sondern auch, daß man die Verkehrsschilder kennt und richtig auf sie reagieren kann.
Hier sind einige Verkehrsschilder:

1.  Wenn ein Autofahrer dieses Schild sieht, muß er geradeaus fahren.

2.  Wenn er dieses Schild sieht, muß er nach rechts fahren.

3.  Wenn er dieses Schild sieht, muß er nach links fahren.

4.  Wenn er dieses Schild sieht, muß er entweder geradeaus oder nach rechts fahren.

5. 

Wenn er dieses Schild sieht, muß er halten.

6.  Wenn er dieses Schild sieht, muß er vorsichtig fahren.

7.  Ein Autofahrer darf nicht überholen, wenn er dieses Schild sieht.

8.  Er darf nicht parken, wenn er dieses Schild sieht.

9.  Er darf nicht halten, wenn er dieses Schild sieht.

10. 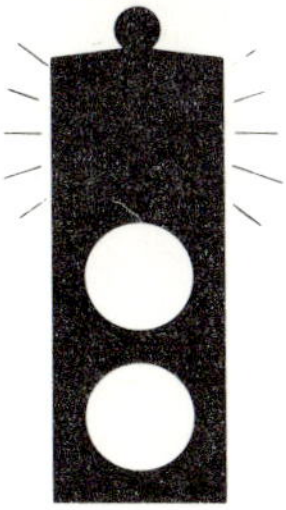 Hier ist eine Verkehrsampel. Ein Autofahrer darf nicht fahren, wenn die Ampel rot ist.

11.  Er darf nicht abbiegen, wenn er dieses Schild sieht.

12.  Er darf nicht hupen, wenn er dieses Schild sieht.

Wenn ein Autofahrer dieses Schild sieht, weiß er, daß bald ein Telefon kommt.

Wenn er dieses Schild sieht, weiß er, daß bald eine Tankstelle kommt.

Wenn er dieses Schild sieht, weiß er, daß bald eine Raststätte kommt.

Wenn er dieses Schild sieht, weiß er, daß bald ein Hotel kommt.

Wenn er dieses Schild sieht, weiß er, daß bald eine Gaststätte kommt.

Wenn er dieses Schild sieht, weiß er, daß bald eine Kurve kommt.

Wenn er dieses Schild sieht, weiß er, daß bald eine Kreuzung kommt.

Wenn er dieses Schild sieht, weiß er, daß bald ein Bahnübergang kommt.

## *Aufgaben*

1. Was muß man haben, wenn man Auto fahren will?
2. Was muß man machen, bevor man ihn bekommt?
3. Was muß man in der Prüfung zeigen?
4. Was müssen Autofahrer machen, wenn sie dieses Schild 

sehen?
5. Was müssen sie machen, wenn sie dieses Schild  sehen?
6. Was mußt du als Autofahrer machen, wenn du dieses Schild  siehst?
7. Was muß man machen, wenn man dieses Schild 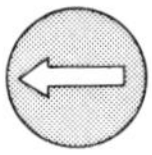 sieht?
8. Was dürfen Autofahrer nicht machen, wenn die Ampel rot ist?
9. Was dürfen sie nicht machen, wenn sie dieses Schild  sehen?
10. Was darf man nicht machen, wenn man dieses Schild  sieht?
11. Was darf man nicht machen, wenn man dieses Schild  sieht?

12. Was darf man nicht machen, wenn man das zwölfte Schild sieht?

13. Was darfst du als Autofahrer machen, wenn die Ampel grün ist?
14. Wann darf man nicht abbiegen?
15. Wann muß man nach links fahren?
16. Was weiß ein Autofahrer, wenn er dieses Schild  sieht?

17. Was weiß er, wenn er dieses Schild  sieht?

18. Was weiß er, wenn er dieses Schild  sieht?

# *Kapitel dreiundzwanzig*

## DIE ZWILLINGE GEHEN ZUR SCHULE

Nach dem Frühstück müssen die Zwillinge jeden Tag zur Schule gehen – außer Sonntag natürlich. Sie besuchen das Humboldt-Gymnasium, das nur zwei Kilometer von der Beethovenallee entfernt ist, und deswegen gehen sie zu Fuß dorthin. Sie verlassen das Haus um halb acht und erreichen die Schule zwanzig Minuten später. Manchmal, wenn das Wetter schlecht ist, fahren sie mit der Straßenbahn. Dann brauchen sie erst um zwanzig Minuten vor acht das Haus zu verlassen. Die Fahrt dauert fünf Minuten. Sie erreichen die Schule also um Viertel vor acht.

In der Schule klingelt es um fünf Minuten vor acht. Alle Schülerinnen gehen dann in ihre Klassenzimmer. Barbara ist in der zehnten Klasse; sie ist intelligent und fleißig und geht gern in die Schule. Ihre Schwester ist aber erst in der neunten Klasse; sie ist zwar auch intelligent, aber sie lernt nicht gern. Das Klassenzimmer von Elisabeth ist im ersten Stock, und das von ihrer Schwester ist im zweiten Stock.
Der Unterricht fängt um acht Uhr an.

## *Aufgaben*

1. Was müssen die Zwillinge nach dem Frühstück machen?
2. Müssen sie jeden Tag gehen?
3. Mußt du *jeden* Tag zur Schule gehen? (Ich muß...)
4. Welche Schule besuchen die Zwillinge?
5. Wie alt sind sie?
6. Welche Schule besuchst du? (Ich besuche...)
7. Wie alt bist du?
8. Wo steht das Haus von Familie Lohmann?
9. Fahren die Kinder normalerweise mit dem Bus?
10. Warum?
11. Gehen sie immer zu Fuß?
12. Wann fahren sie mit der Straßenbahn?
13. Wie fährst du normalerweise zur Schule?
14. Um wieviel Uhr verlassen die Zwillinge normalerweise das Haus?
15. Um wieviel Uhr erreichen sie die Schule?
16. Wie lange laufen sie?
17. Um wieviel Uhr verläßt du das Haus?
18. Um wieviel Uhr erreichst du normalerweise die Schule?
19. Wie lange dauert die Fahrt mit der Straßenbahn zur Schule von Elisabeth und Barbara?
20. Wie lange dauert deine Fahrt zur Schule?
21. Verläßt Barbara das Haus normalerweise allein?
22. Mit wem verläßt du das Haus?
23. Wohin gehen Elisabeth und Barbara, wenn sie das Haus verlassen?
24. Um wieviel Uhr verlassen sie das Haus, wenn sie mit der Straßenbahn fahren wollen?
25. Um wieviel Uhr verlassen sie das Haus, wenn sie zu Fuß zur Schule gehen?
26. Wann erreichen die Zwillinge die Schule um zehn Minuten vor acht?
27. Wann erreichen sie die Schule um Viertel vor acht?
28. Was geschieht (passiert) in der Schule um fünf Minuten vor acht?
29. Was geschieht, wenn es klingelt?
30. Wann geht Barbara in ihr Klassenzimmer?
31. In welcher Klasse ist Barbara?
32. Ist ihre Schwester in derselben Klasse?
33. In welcher Klasse bist du?
34. Ist Barbara dumm?
35. Ist Elisabeth faul oder fleißig?
36. Und du?
37. Bist du Lehrer(in)?
38. Was macht ein Lehrer?
39. Was macht ein Schüler (eine Schülerin)?
40. In welchem Stock ist das Klassenzimmer von Elisabeth?
41. Ist das Klassenzimmer von ihrer Schwester in demselben Stock?
42. Was geschieht in der Schule um acht Uhr?
43. In welchem Stock ist dein Klassenzimmer?
44. In welchem Stock ist das Lehrerzimmer in deiner Schule?
45. In welchem Stock arbeitet die Sekretärin?
46. Um wieviel Uhr fängt der Unterricht in deiner Schule an?
47. Um wieviel Uhr hört er auf?

# *Kapitel vierundzwanzig*

## MARIA UND IHRE ARBEIT

Maria verabschiedet sich nach dem Frühstück von ihrer Mutter und holt für ihren Vater den Wagen aus der Garage. Inzwischen holt Herr Lohmann seine Mappe aus seinem Arbeitszimmer, verabschiedet sich von seiner Frau und geht dann auch zum Wagen. Vater und Tochter fahren zusammen zu der Fabrik von Herrn Lohmann, die zwischen Heepen und Bielefeld liegt. Herr Lohmann ist nämlich Möbelfabrikant von Beruf. Für die Firma arbeiten ungefähr hundertzwanzig Leute. Die meisten Arbeiter sind in der Werkhalle beschäftigt; andere (hauptsächlich Frauen) sind in der Kantine tätig, in der die Arbeiter zu Mittag essen können; und andere sind Lastwagenfahrer, die die fertigen Möbel überall in Deutschland und auch ins Ausland liefern.
Maria arbeitet auch in der Fabrik, das heißt, in dem Büro ihres Vaters als Sekretärin. Sie hat immer viel zu tun, und weil die Firma viel exportiert, bekommt sie viele Briefe aus dem Ausland. Maria muß die ausländischen Briefe übersetzen, bevor ihr Vater sie beantworten kann. Außer Deutsch kann sie Französisch, Englisch und ein bißchen Spanisch. Sie muß auch die Briefe, die ihr Vater diktiert, auf der Schreibmaschine schreiben. Wie jede Sekretärin muß sie auch oft stenographieren und telefonieren. Vormittags arbeiten Herr Lohmann und Maria von 8.30 Uhr bis 12.30 Uhr. Beide essen zu Hause mit Frau Lohmann zu Mittag. Nachmittags arbeiten sie wieder von 14.00 Uhr bis 17.00 Uhr. Sie fahren abends nicht immer zusammen nach Hause, weil Herr Lohmann oft etwas länger als Maria arbeitet, und manchmal will Maria sofort nach der Arbeit in die Stadt fahren, um etwas zu kaufen.

Möbel ist der Sammelbegriff für Tische, Stühle, Schränke usw.
Geschirr ist der Sammelbegriff für Teller, Tassen, Untertassen usw.
Besteck ist der Sammelbegriff für Messer, Löffel, Gabeln usw.
Tiere ist der Sammelbegriff für Katzen, Hunde, Vögel usw.
Menschen ist der Sammelbegriff für Männer, Frauen, Kinder usw.
Verwandte ist der Sammelbegriff für Onkel, Kusinen, Brüder usw.
Kleider ist der Sammelbegriff für Jacken, Hosen, Hemden usw.
Fächer ist der Sammelbegriff für Deutsch, Chemie, Erdkunde usw.
Körperteile ist der Sammelbegriff für Arme, Beine, Hände usw.

Obst ist der Sammelbegriff für Äpfel, Birnen usw.
Gemüse ist der Sammelbegriff für Kopfsalat, Mohrrüben usw.
Literatur ist der Sammelbegriff für Romane, Kurzgeschichten, Theaterstücke usw.
Gebäude ist der Sammelbegriff für Häuser, Kirchen, Paläste usw.
Gepäck ist der Sammelbegriff für Koffer, Taschen usw.
Fahrzeug ist der Sammelbegriff für Wagen, Roller, Straßenbahn usw.
Mahlzeiten ist der Sammelbegriff für Frühstück, Mittagessen, Abendbrot usw.
Getränke ist der Sammelbegriff für Tee, Kaffee, Wein, Milch, Bier usw.
Behälter ist der Sammelbegriff für Dose, Kanne, Flasche, Schachtel usw.

## *Aufgaben*

A

1. Von wem verabschiedet sich Maria?
2. Von wem verabschiedet sich Herr Lohmann?
3. Verabschiedet er sich nach dem Abendessen?
4. Was macht Maria, während Herr Lohmann sich von Frau Lohmann verabschiedet?
5. Für wen holt sie den Wagen?
6. Wessen Wagen holt sie?
7. Wo steht der Wagen?
8. Was holt Herr Lohmann, während Maria den Wagen holt?
9. Woher holt sie den Wagen?
10. Woher holt Herr Lohmann seine Mappe?

B

1. Herr Lohmann verabschiedet sich von seiner Frau – was macht er dann?
2. Wohin fahren Herr Lohmann und Maria?
3. Warum?
4. Wo liegt die Fabrik?
5. Was für eine Fabrik ist es?
6. Was ist Herr Lohmann von Beruf?
7. Was macht ein Möbelfabrikant?
8. Woraus macht man Möbel?
9. Wieviele Leute arbeiten für die Firma?
10. Sind die meisten Arbeiter in der Kantine beschäftigt?
11. Wo arbeiten die anderen Leute?
12. Was machen die Frauen in der Kantine?
13. Was können die Arbeiter mittags in der Kantine machen?
14. Wie sind die anderen Arbeiter beschäftigt?
15. Was machen die Lastwagenfahrer?
16. Liefern sie die Möbel nur ins Ausland?

C

1. Was ist Maria von Beruf?
2. Für wen arbeitet sie?
3. Wo arbeitet sie?
4. Hat sie wenig zu tun?
5. Woher bekommt die Firma viele Briefe?
6. Warum bekommt sie so viele Briefe aus dem Ausland?
7. Was exportiert die Firma?
8. Was muß Maria übersetzen?
9. Was macht ihr Vater dann damit?
10. Wieviele Sprachen außer Deutsch spricht Maria?
11. Wer diktiert die Briefe?
12. Muß Maria diese Briefe mit einem Bleistift schreiben?
13. Was muß eine Sekretärin sonst noch machen?
14. Wo arbeitet eine Sekretärin normalerweise?

D

1. Wie lange arbeitet Maria am Vormittag?
2. Wie lange arbeitet sie am Nachmittag?
3. Wie lange dauert ihre Mittagspause?
4. Was macht sie in der Mittagspause?
5. Wo ißt Herr Lohmann zu Mittag?
6. Um wieviel Uhr fängt die Arbeit am Nachmittag an?
7. Um wieviel Uhr hört die Arbeit am Vormittag auf?
8. Warum fahren Herr Lohmann und Maria abends nicht immer zusammen nach Hause?
9. Mit wem fährt Maria morgens zur Arbeit?
10. Wohin fährt sie manchmal nach der Arbeit?
11. Warum?
12. Was ist das Gegenteil von morgens?

E

1. Von wem verabschiedest du dich morgens, bevor du das Haus verläßt?
2. Wie fährst du zur Schule?
3. Mit wem fährst du zur Schule?
4. Wieviele Fächer lernst du?
5. Wieviele Sprachen lernst du?
6. Wieviele Stunden hast du am Vormittag?
7. Wie lange arbeitest du am Nachmittag?
8. Um wieviel Uhr fängt die erste Stunde an?
9. Wie lange dauert die letzte Stunde?
10. Wieviele Pausen hast du am Tag?
11. Wo ißt du zu Mittag?
12. Mit wem fährst du nach Hause?

# *Kapitel fünfundzwanzig*

Frau Lohmann bleibt tagsüber zu Hause und hat immer viel zu tun. Vormittags ist sie meistens mit der Hausarbeit beschäftigt. Sie verabschiedet sich von ihrem Mann und geht in die Küche zurück. Dort räumt sie auf. Das Geschirr und das Besteck, das die Familie zum Frühstück benutzt, wäscht sie ab. Dazu braucht sie warmes Wasser und ein gutes Spülmittel. Sie trocknet zuerst das Geschirr und das Besteck ab, stellt dann das Geschirr in den Schrank, der an der Wand hängt, und legt das Besteck in die Schublade, die rechts von dem Spülbecken ist. Die Milch, die Butter und den Käse stellt sie in den Kühlschrank zurück, und falls Brot übrigbleibt, legt sie es in den Brotkasten zurück. Sie nimmt dann den ganzen Abfall und wirft ihn in den Abfalleimer, der unter dem Spülbecken steht. Um ungefähr zehn Uhr geht Frau Lohmann nach oben und macht dort die Betten. Mittwochs und samstags um zehn Uhr geht sie auf den Markt in Brunnheim und kauft dort frisches Obst von einem Händler, der immer gute Ware hat. Der Marktplatz ist in der Nähe von der Kirche. Von dort aus geht sie dann manchmal zum Bäcker in der Hauptstraße und anschließend auch zum Metzger in der Kaiserstraße. Gegen Viertel vor zwölf ist sie meistens wieder zu Hause. Sie packt zuerst ihre Einkäufe aus und fängt dann an, das Mittagessen für sich, ihren Mann, Maria und die Zwillinge vorzubereiten.

Ein Gemüsehändler ist ein Mann, der Gemüse verkauft.
Ein Metzger ist ein Mann, der Fleisch verkauft.
Man kann auch sagen: Er ist ein Mann, der in einer Metzgerei arbeitet.
Ein Bäcker ist ein Mann, der Brot bäckt.
Man kann auch sagen: Er ist ein Mann, der in einer Bäckerei arbeitet.
Man kann auch sagen: Er ist ein Mann, der Brot verkauft.
Eine Lehrerin ist eine Frau, die unterrichtet.

## *Aufgaben*

A

1. Was macht Frau Lohmann auf dem ersten Bild?
2. Was trägt sie auf dem zweiten Bild?
3. Auf welchem Bild macht sie die Betten?
4. Was macht sie auf dem fünften Bild?
5. Wo ist sie auf dem vierten Bild?
6. Was macht sie auf dem letzten Bild?

B

1. Wo bleibt Frau Lohmann tagsüber?
2. Wo ist ihr Mann tagsüber?
3. Wo sind die Zwillinge vormittags?
4. Was macht Frau Lohmann vormittags?
5. Von wem verabschiedet sich Frau Lohmann morgens?
6. In welches Zimmer geht sie dann?
7. Was macht sie dort?
8. Was macht sie mit dem Besteck und mit dem Geschirr?
9. Welches Geschirr wäscht sie vormittags ab?
10. Welches Geschirr wäscht sie wahrscheinlich nachmittags ab?
11. Welches Geschirr wäscht sie abends ab?
12. Braucht sie ein Spülmittel, um das Geschirr zu spülen oder um sich die Zähne zu putzen?
13. Wohin stellt sie das Geschirr?
14. Wo hängt der Schrank?
15. Wohin legt sie das Besteck?
16. Wo ist die Schublade?
17. Wohin stellt sie die Butter?
18. Wohin legt sie das Brot, das übrigbleibt?
19. Wohin wirft sie den Abfall?
20. Wo steht der Abfalleimer?
21. Frau Lohmann räumt in der Küche auf. Wohin geht sie dann?
22. Was macht sie oben?
23. Wohin geht sie mittwochs und samstags um zehn Uhr?
24. Wo ist der Markt in Brunnheim?
25. Wie oft in der Woche geht Frau Lohmann dorthin?
26. Wozu geht sie dorthin?
27. Was für Obst kauft sie?
28. Von wem kauft sie das Obst und das Gemüse?
29. In welchen Laden geht sie danach? Wozu?
30. Wo ist die Bäckerei in Brunnheim?
31. Frau Lohmann kauft dort Brot. In welchen Laden geht sie dann? Wozu?
32. Wo ist die Metzgerei in Brunnheim?
33. Um wieviel Uhr ist Frau Lohmann wieder zu Hause?
34. Was macht sie zuerst, wenn sie wieder zu Hause ist?
35. Und dann?
36. Für wen bereitet sie das Mittagessen vor?

C

1. Braucht man ein Spülmittel, um sich die Zähne zu putzen?
2. Braucht man einen Kamm, um sich zu rasieren oder um sich die Haare zu kämmen?
3. Braucht man ein Geschirrtuch, um sich die Haare zu trocknen oder um Geschirr abzutrocknen?
4. Braucht man ein Lineal, um zu schreiben oder um etwas zu messen?

5. Braucht man Seife, um sich die Haare zu waschen oder um sich zu waschen?
6. Wozu braucht man Schampun?
7. Wozu braucht man einen Haartrockner?
8. Wozu braucht man Zahnpasta?
9. Wozu braucht man einen Füllhalter?
10. Wozu braucht man einen Rasierapparat?

D

1. Was ist ein Lehrer?
2. Was ist ein Buchhändler?
3. Was ist ein Apotheker?
4. Was ist ein Koch?
5. Und eine Köchin?
6. Was ist eine Kellnerin?
7. Was ist ein Arzt?
8. Ist Maria Lohmann Ärztin von Beruf?
9. Was ist eine Sekretärin?
10. Was ist ein Gepäckträger?
11. Was ist ein Briefträger?
12. Was ist eine Krankenschwester?
13. Was ist ein Mechaniker?
14. Was ist ein Maler?
15. Ein Komponist?
16. Was ist ein Engländer?
17. Was ist eine Französin?
18. Sind Zwillinge Geschwister, die gleich groß sind, oder Geschwister, die gleichaltrig sind?
19. Sind Deutsche Leute, die aus Holland kommen, oder Leute, die aus Deutschland kommen?
20. Was sind Italiener?

E

1. Wohin geht Frau Lohmann, um Obst und Gemüse zu kaufen?
2. Geht man auf einen Golfplatz oder auf einen Fußballplatz, um Golf zu spielen?
3. Geht man in einen Tiergarten oder in einen botanischen Garten, um Tiere zu sehen?
4. Geht man in einen Park oder auf einen Bahnhof, um spazieren zu gehen?
5. Fährt man auf einen Parkplatz oder auf einen Flugplatz, um einen Wagen zu parken?
6. Gehst du auf den Schulhof oder auf einen Bahnhof, um in der Mittagspause zu spielen?
7. Wohin geht man, um Fußball zu spielen?
8. Wohin kann man gehen, um einen Zug zu sehen?
9. Wohin kann man gehen, um ein Flugzeug zu sehen?
10. Wohin geht man, um Pflanzen zu sehen?
11. Wohin geht man, um Kricket zu spielen?
12. Wohin geht man, um Tennis zu spielen?

F

1. Geht man ins Restaurant, um zu essen oder um zu schwimmen?
2. Geht man ins Kino, um einen Film oder um ein Theaterstück zu sehen?
3. Geht man in die Kirche, um zu beten oder um zu arbeiten?
4. Geht man in die Post, um Briefmarken zu kaufen oder um Fleisch zu kaufen?
5. Wozu geht man ins Schwimmbad?
6. Wozu geht man ins Theater?
7. Wozu geht man ins Café?
8. Wozu geht man in die Schule?
9. Wozu geht Herr Lohmann in die Möbelfabrik?

G

1. Was macht deine Mutter tagsüber?
2. Wer macht bei dir die Betten?
3. Wer wäscht bei dir ab?
4. Wo kauft deine Mutter Obst und Gemüse?
5. Wofür ist das Wort Obst ein Sammelbegriff?
6. Wofür ist Gemüse ein Sammelbegriff?
7. Wofür ist Besteck ein Sammelbegriff?
8. Was machst du zuerst, wenn du wieder zu Hause bist?
9. Machst du deine Schularbeiten oben? In welchem Zimmer?
10. Wer macht bei dir die Hausarbeit?

# *Kapitel sechsundzwanzig*

## DIE JAHRESZEITEN

Das Jahr hat vier Jahreszeiten. Sie heißen der Frühling, der Sommer, der Herbst und der Winter.

Die Wintermonate sind Dezember, Januar und Februar. Der Winter fängt am 22. Dezember an. Im Winter ist es oft sehr kalt. Es schneit und friert, und man muß sich warm anziehen. Die Tage sind im Winter sehr kurz, das heißt, es wird morgens erst spät hell und abends schon früh dunkel. Der kürzeste Tag ist der 22. Dezember. Sehr oft gibt es auf den

Straßen Glatteis, und deshalb müssen die Autofahrer sehr vorsichtig fahren. Für viele Leute ist der Winter aber die schönste Jahreszeit, weil sie in den Bergen Ski laufen können oder auf den zugefrorenen Teichen und Flüssen Schlittschuh laufen können. Im Winter ist es in Deutschland gewöhnlich kälter als in England.

Die Frühlingsmonate sind März, April und Mai. Der Frühling fängt am 21. März an. Im Frühling wird das Wetter schon etwas milder als im Winter. Die Tage werden auch länger, die Sonne scheint häufiger, und der Schnee schmilzt. Der längste Tag ist der 21. Juni. Im Frühling blühen Bäume und Blumen in den Gärten und in den Parks. Auf den Wiesen sieht man Schafe und ihre neugeborenen Lämmer.

Juni, Juli und August sind die Sommermonate. Der Sommer fängt am 22. Juni an. Im Sommer wird das Wetter viel wärmer als im Frühling, und man zieht sich leicht an. Viele Leute fahren im Sommer auf Urlaub. Sie fahren ans Meer oder auf das Land. Am Meer gibt es immer viel zu tun, besonders bei schönem Wetter. Man liegt in der Sonne am Strand und wird braun. Dann geht man schwimmen, oder man geht angeln, rudern oder segeln.

Der Herbst folgt dem Sommer. Der Herbst fängt am 23. September an. Im Herbst werden die Tage wieder kürzer. Die Sonne scheint noch häufig, aber sie ist nicht mehr so stark wie im Sommer. Das neue Schuljahr fängt im Herbst an. Auf dem Lande gibt es viel zu tun. Die Bauern ernten das Getreide auf den Feldern und pflücken Äpfel, Birnen usw. in den Obstgärten. Die Blätter auf den Bäumen werden braun und fallen ab. Die Blumen verwelken. Es wird allmählich kälter.

1. Im Winter können viele Leute Ski laufen.

2. Im Winter kann man auch Schlittschuh laufen.

3. Im Frühling blühen die Bäume und Blumen.

4. Im Frühling sieht man auf den Wiesen Schafe und ihre Lämmer.

5. Im Sommer kann man rudern, segeln und angeln.

6. Im Herbst fallen die Blätter von den Bäumen.

## *Aufgaben*

A

1. Wieviele Jahreszeiten gibt es?
2. Wieviele Monate gibt es?
3. Welche Jahreszeit folgt dem Sommer?
4. Welcher Monat folgt dem Januar?
5. Welcher Tag folgt dem Freitag?
6. Welcher Tag kommt vor dem Dienstag?
7. Welcher Monat kommt vor dem November?
8. Welche Jahreszeit kommt vor dem Sommer?
9. Wie heißen die Sommermonate?
10. Wie heißen die Frühlingsmonate?
11. Wieviele Tage hat der September?
12. Wieviele Tage hat der August?

13. Und der Februar?
14. Wie oft hat der Februar neunundzwanzig Tage?
15. Wieviele Monate sind ein halbes Jahr?
16. Wieviele Minuten sind eine halbe Stunde?
17. Wieviele Stunden sind ein halber Tag?
18. Wieviele Monate haben dreißig Tage?
19. Wieviele Monate haben einunddreißig Tage?
20. Wie heißt der siebente Monat?

B

1. In welcher Jahreszeit schneit es?
2. In welcher Jahreszeit schmilzt der Schnee?
3. In welcher Jahreszeit friert es?
4. In welcher Jahreszeit zieht man sich warm an?
5. In welcher Jahreszeit werden die Blätter braun?
6. In welcher Jahreszeit zieht man sich leicht an?
7. In welcher Jahreszeit blühen die Blumen?
8. In welcher Jahreszeit fängt das Schuljahr an?

C

1. Wie ist das Wetter im Winter?
2. Ist es im Winter *wärmer* als im Sommer?
3. Wie muß man sich im Winter anziehen?
4. Wie muß man sich im Sommer anziehen?
5. Warum muß man sich im Winter warm anziehen?
6. Wie ist das Wetter im Winter?
7. Welche Farbe hat Schnee?
8. Sind die Tage im Winter länger als im Sommer?
9. Wann fängt der Winter an?
10. Wann fängt der Sommer an?
11. Fängt der Herbst am 22. September an?
12. Wann fängt der Frühling an?
13. Ist das Wetter dann *rauher* als im Winter?
14. Wird es im Winter *spät* dunkel?
15. Wird es im Winter *früh* hell?
16. Wird es auch im Sommer früh dunkel und spät hell?
17. Was ist der kürzeste Tag im Jahr?
18. Was ist der längste Tag im Jahr?
19. Was ist der kürzeste Monat im Jahr?
20. Weshalb ist der Winter für viele Leute die schönste Jahreszeit?
21. Welche ist die wärmste Jahreszeit?
22. Welche ist die kälteste Jahreszeit?
23. Was machen viele Leute im Winter in den Bergen?
24. Was machen viele Leute im Winter auf den zugefrorenen Teichen?
25. Wo läuft man im Winter Ski?
26. Wo läuft man im Winter Schlittschuh?
27. Wie müssen Autofahrer im Winter fahren?

28. Warum müssen sie vorsichtig fahren?

29. Wo gibt es das Glatteis?

D

1. Werden die Tage im Frühling *kürzer*?
2. Scheint die Sonne seltener im Sommer als im Winter?
3. Was macht der Schnee im Frühling?
4. Was machen die Bäume im Frühling?
5. Wie werden die Blätter im Herbst?
6. Wo sieht man die Blumen und Bäume?
7. Wo sieht man die Schafe und Lämmer?
8. Sieht man mit den Ohren oder mit den Augen?
9. Womit hört man?
10. Womit schwimmt man?
11. Womit riecht man?
12. Womit pflückt man Äpfel?
13. Womit tritt man einen Fußball?
14. Womit kaut man?

E

1. Warum zieht man sich im Sommer leicht an?
2. Wohin fahren viele Leute auf Urlaub?
3. Was kann man am Meer machen?
4. Was für ein Boot braucht man, wenn man segeln will?
5. Wann braucht man ein Ruderboot?
6. Braucht man eine Angelrute oder ein Ruder, wenn man angeln geht?
7. Womit rudert man?
8. Womit angelt man?
9. Was passiert, wenn man in der Sonne liegt?
10. Wozu liegt man in der Sonne?

F

1. Wird es im Herbst *wärmer* als im Sommer?
2. Wird die Sonne im Herbst stärker oder schwächer als im Sommer?
3. Wo arbeitet ein Bauer?
4. Was machen die Bauern im Herbst?
5. Was für Bäume wachsen in Obstgärten?
6. Was geschieht mit den Blättern im Herbst?
7. Was geschieht mit den Blumen im Herbst?
8. Wo sind die Bauern, wenn sie das Getreide ernten?
9. Wo sind die Bauern, wenn sie das Obst pflücken?

G

1. Wird ein Ei hart oder weich, wenn man es zu lange kocht?
2. Werden Äpfel hart, wenn man sie kocht?
3. Wird man hungrig oder durstig, wenn man nicht genug zu essen hat?
4. Wird man durstig oder betrunken, wenn man zuviel Bier trinkt.
5. Wird man dicker oder dünner, wenn man zuviel ißt?
6. Wird man schmutzig, wenn man sich wäscht?
7. Wann wird man betrunken?
8. Wann wird man durstig?
9. Wann wird man hungrig?
10. Wann wird ein Ei hart?
11. Was geschieht, wenn man zuwenig ißt?

# *Kapitel siebenundzwanzig*

A

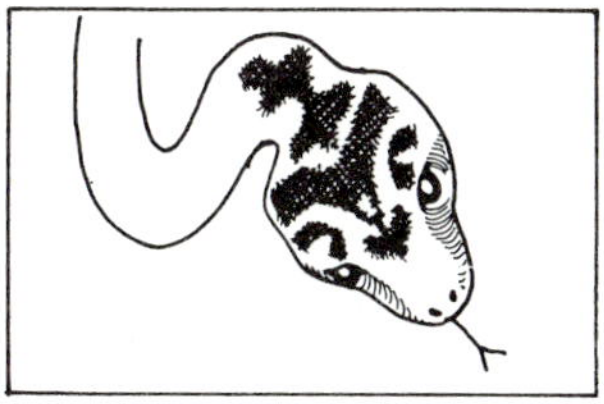

Das ist der Kopf einer Schlange.

Das ist der Kopf einer Katze.

Das ist der Kopf einer Maus.

Das ist der Kopf einer Kuh.

Das ist der Kopf einer Frau.

B

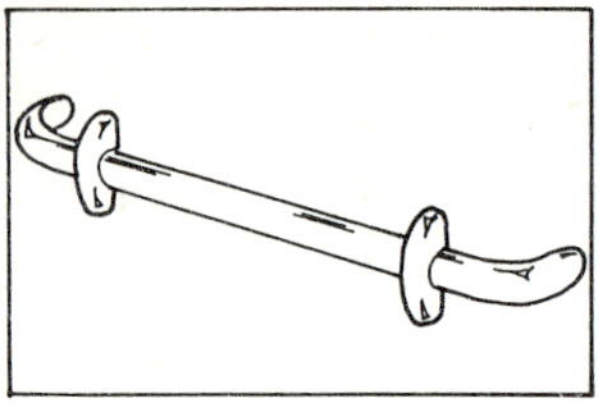

Eine Stoßstange ist ein Teil eines Wagens.

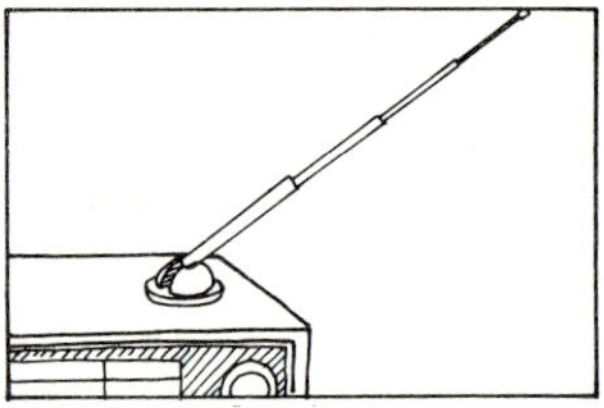

Eine Antenne ist ein Teil eines Radioapparats.

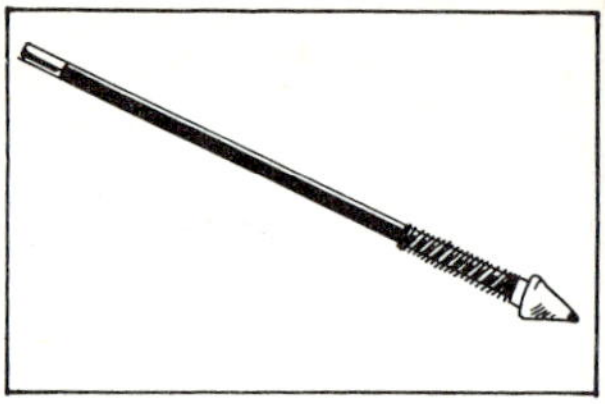

Eine Mine ist ein Teil eines Kugelschreibers.

Eine Feder ist ein Teil eines Füllhalters.

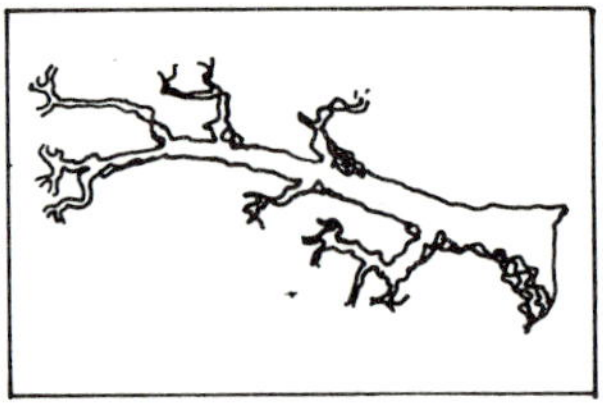

Ein Zweig ist ein Teil eines Baumes.

Ein Dach ist ein Teil eines Gebäudes.

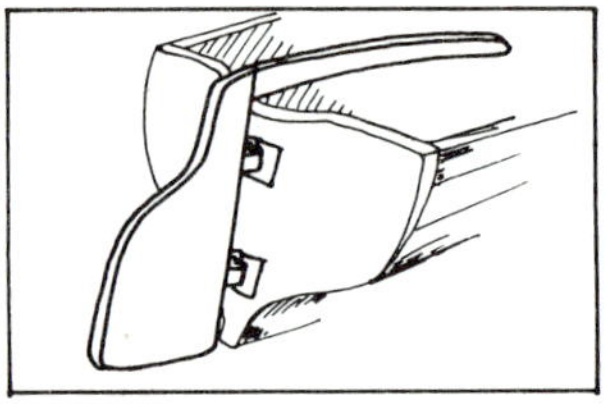

Ein Steuerruder ist ein Teil eines Boots.

Ein Lenker ist ein Teil eines Fahrrads.

Ein Rahmen ist ein Teil eines Fensters.

Eine Schale ist ein Teil eines Eis.

D

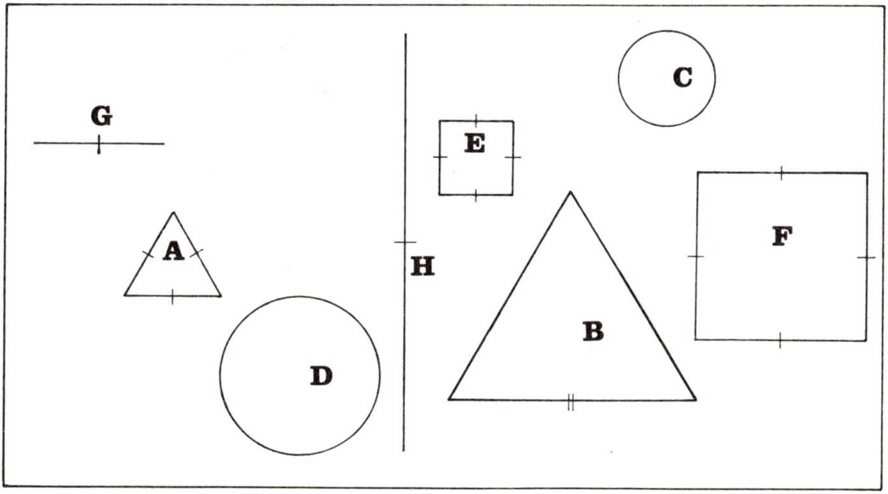


Hier sind sechs geometrische Figuren und zwei Linien. Darunter gibt es zwei Dreiecke, zwei Kreise und zwei Vierecke. Ein Dreieck hat drei Seiten, und ein Viereck hat vier Seiten.

Punkt A ist der Mittelpunkt des kleinen Dreiecks.
Punkt B ist der Mittelpunkt des großen Dreiecks.
Punkt C ist der Mittelpunkt des kleinen Kreises.
Punkt D ist der Mittelpunkt des großen Kreises.
Punkt E ist der Mittelpunkt des kleinen Vierecks.
Punkt F ist der Mittelpunkt des großen Vierecks.
Punkt G ist der Mittelpunkt der kurzen Linie.
Punkt H ist der Mittelpunkt der langen Linie.

## *Aufgaben*

A

1. Was ist eine Schale?
2. Was ist eine Mine?

3. Was ist das?
4. Was ist ein Zweig?
5. Was ist eine Stoßstange?
6. Was ist ein Lenker?

B

1. Welcher Kreis ist rechts von dem kleinen Dreieck?
2. Welche Linie ist links von dem kleinen Viereck?
3. Welches Dreieck ist zwischen der kurzen Linie und dem großen Kreis?
4. Welches Viereck ist rechts von der langen Linie?
5. Welcher Kreis ist zwischen dem großen Dreieck und dem großen Viereck?

C

1. Wo ist das kleine Dreieck?
2. Wo ist der kleine Kreis?
3. Wo ist die lange Linie?
4. Wo ist das große Viereck?
5. Wo ist der große Kreis?

D

1. Was sind ein Dreieck, ein Kreis und ein Viereck?
2. Wieviele Seiten hat ein Dreieck?
3. Was ist Punkt A?
4. Was ist Punkt C?
5. Was ist Punkt E?
6. Was ist Punkt G?
7. Was ist Punkt F?
8. Was ist Punkt B?
9. Was ist Punkt D?
10. Wieviele Figuren gibt es?

# *Kapitel achtundzwanzig*

Im Sommer ist die Familie Lohmann oft zusammen in dem Garten. Hinter ihrem Haus ist ein ziemlich großer Gemüsegarten, in dem Herr Lohmann besonders gern arbeitet. Für ihn ist es eine Erholung, in der frischen Luft arbeiten zu können, wenn er aus dem Büro kommt. Er pflanzt im Frühling allerlei Gemüsesorten an: Kopfsalat, Bohnen, Zwiebeln und Mohrrüben. Tomaten pflanzt er auch an, aber weil es für sie draußen zu kalt ist, muß er sie in dem Gewächshaus anpflanzen, das

in einer Ecke des Gartens steht. Der Gemüsegarten ist von einer hohen Mauer umgeben. An der linken Seite des Hauses ist ein enger Pfad, der zum Gemüsegarten und zur Hintertür des Hauses führt. An der anderen Seite des Hauses ist die Garage, in der Herr Lohmann nicht nur sein Auto, sondern auch seine Gartengeräte hat.
Vor dem Haus ist ein großer Rasen. In der Mitte des Rasens steht ein alter Birnbaum, auf dem keine Birnen mehr wachsen. An dem Rand des Rasens sind viele Blumenbeete. Sie haben verschiedene Formen: Es gibt viereckige, runde und auch dreieckige. Frau Lohmann interessiert sich mehr für den Blumengarten als für den Gemüsegarten. Der Garten vor dem Haus ist nicht von einer Mauer, sondern von einem hölzernen Zaun und einer dichten Hecke umgeben.

Auf dem Bild ist die ganze Familie außer Konrad in dem Garten beschäftigt. Herr Lohmann holt gerade seinen Spaten und seine Gießkanne aus der Garage. Er will im Gemüsegarten Kartoffeln ausgraben und die Tomaten begießen. Deshalb trägt er seine Gummistiefel. Er will keine nassen Füße bekommen! Seine Frau schneidet die Hecke mit einer großen Schere. Sie trägt einen Strohhut, um sich vor der starken Sonne zu schützen. Barbara kniet auf dem Rasen und spielt mit ihren Tieren Waldi und Pip. Hinter ihr stehen ein Tisch und zwei Stühle. Auf dem Tisch stehen einige leere Flaschen. In jeder Flasche steckt ein Strohhalm. Eine Sonnenbrille und eine Zeitung liegen auch auf dem Tisch. Elisabeth spielt Tischtennis mit ihrer Freundin. Sie schlägt gerade den Ball.

## *Aufgaben*

A

1. In welcher Jahreszeit ist die Familie Lohmann oft zusammen im Garten?
2. Wie heißen die vier Jahreszeiten?
3. In welcher Jahreszeit pflanzt man Gemüse an?
4. Wo ist der Gemüsegarten von der Familie Lohmann?
5. Was pflanzt Herr Lohmann in dem Gewächshaus an?
6. Wo steht das Gewächshaus?
7. Warum pflanzt Herr Lohmann die Tomaten in einem Gewächshaus an?
8. Welche Farbe haben Tomaten, wenn sie reif sind?

9. Welche Farbe hat Kopfsalat?
10. Wovon ist der Gemüsegarten umgeben?
11. Wovon ist eine Insel umgeben?
12. Was ist das Gegenteil von hoch?
13. Wo ist der Pfad?
14. Wohin führt er?
15. Wie ist er?
16. Wo steht die Garage?
17. Wann braucht man Gartengeräte?
18. Wo bewahrt Herr Lohmann seine Gartengeräte auf?
19. Bewahrt der Sportlehrer die Sportgeräte in einer Garage oder in der Turnhalle auf?
20. Wo bewahrt eine Hausfrau ihre Küchengeräte auf?
21. Wann braucht man Küchengeräte?
22. Was für Geräte braucht man, wenn man Sport treibt oder wenn man turnt?

B

1. Wo ist der Rasen?
2. Wo steht der Birnbaum?
3. Steht das Gewächshaus in einer Ecke des Rasens?
4. Wie ist der Birnbaum?
5. Sind die Blumenbeete auch in einer Ecke des Gemüsegartens?
6. Welche Form haben die Blumenbeete?
7. Für welchen Garten interessiert sich Frau Lohmann mehr?
8. Wovon ist der Garten vor dem Haus umgeben?
9. Woraus ist der Zaun?
10. Wie ist die Hecke?

C

1. Kommt Herr Lohmann gerade aus dem Haus?
2. Was holt er aus der Garage?
3. In welcher Hand hält er den Spaten?
4. Was hält er sonst noch und in welcher Hand?
5. Warum holt er den Spaten?
6. Warum holt er die Gießkanne?
7. Holt er sie aus dem Keller?
8. Warum trägt er Gummistiefel?
9. Was macht Frau Lohmann und womit?
10. Wozu trägt sie den Strohhut?
11. Steht Barbara auf dem Rasen?
12. Was macht sie?
13. Wie heißt ihr Hund?
14. Wie heißt ihr Kaninchen?
15. Sind die Flaschen auf dem Tisch voll?
16. Wo stecken die Strohhalme?
17. Wann benutzt man einen Strohhalm?
18. Was liegt auf dem Tisch?
19. Trägt man eine Sonnenbrille, um sich vor dem Regen zu schützen?

20. Wozu trägt man einen Regenmantel?
21. Was trägt man, um die Hände vor der Kälte zu schützen?
22. Was trägt man, um den Kopf vor der Kälte zu schützen?
23. Wozu trägt man Ohrenschützer?
24. Mit wem spielt Elisabeth Tischtennis?
25. Was macht sie gerade auf dem Bild?

# *Kapitel neunundzwanzig*

A

Elisabeth und Barbara haben am elften Oktober Geburtstag.
Ihre Eltern geben ihnen immer Geld.
Ihre Großeltern geben ihnen immer Kniestrümpfe.
Ihre Geschwister geben ihnen immer einen Pullover.

Konrad hat am sechsten Januar Geburtstag.
Seine Großmutter gibt ihm immer Geld.
Seine Schwestern geben ihm immer ein Buch.
Seine Tante gibt ihm immer Briefpapier.

Maria hat am siebten Mai Geburtstag.
Ihre Großeltern geben ihr immer Handschuhe.
Ihre Kusine gibt ihr immer Blumen.
Ihre Freundin gibt ihr immer Pralinen.

| | |
|---|---|
| Lehrer: | Ich habe am zweiundzwanzigsten September Geburtstag.<br>Meine Schwester gibt mir immer eine Krawatte.<br>Meine Tante gibt mir immer Socken.<br>Mein Onkel gibt mir immer Taschentücher.<br>Was gibt mir meine Schwester immer? |
| Schüler: | Sie gibt Ihnen immer eine Krawatte. |

## *Aufgaben*

1. Wann hat Elisabeth Geburtstag?
2. Und ihre Schwester?
3. Wann hast du Geburtstag?
4. Wann hat Konrad Geburtstag?
5. In welchem Monat hat Maria Geburtstag?
6. In welchem Monat hast du Geburtstag?
7. In welchem Monat haben die Zwillinge Geburtstag?
8. Wer schenkt Maria immer Handschuhe?
9. Wer gibt Konrad immer Briefpapier?
10. Was geben die Eltern von Elisabeth und Barbara ihnen zum Geburtstag?
11. Was geben ihnen ihre Geschwister?
12. Was geben ihnen ihre Großeltern?
13. Was geben Konrads Schwestern ihm zum Geburtstag?
14. Und seine Tante?
15. Und seine Großmutter?
16. Was geben Marias Großeltern ihr immer zum Geburtstag?
17. Und ihre Kusine?
18. Und ihre Freundin?
19. Von wem bekommt Konrad das Geld?
20. Von wem bekommt er immer ein Buch?
21. Von wem bekommt er immer Briefpapier?
22. Von wem bekommt Maria immer Handschuhe?
23. Von wem bekommt sie immer Blumen?
24. Von wem bekommt sie immer Pralinen?
25. Von wem bekommen die Zwillinge immer Geld?
26. Von wem bekommen sie immer einen Pullover?
27. Von wem bekommen sie immer Kniestrümpfe?

B

Wenn ein Freund Geburtstag hat, wünscht man ihm "Alles Gute!"
Wenn man einen Freund oder Bekannten am Vormittag trifft, wünscht man ihm "Guten Morgen!" oder "Guten Tag!"
Wenn man einen Freund oder Bekannten am Abend trifft, wünscht man ihm "Guten Abend!"
Wenn jemand ins Bett geht, wünscht man ihm "Gute Nacht!"
Wenn jemand krank ist, wünscht man ihm "Gute Besserung!"
Wenn jemand eine Prüfung machen muß, wünscht man ihm "Viel Erfolg!"

Wenn jemand ins Theater geht, wünscht man ihm "Viel Spaß!" oder "Viel Vergnügen!"
Wenn jemand auf eine Reise geht, wünscht man ihm "Gute Reise!"
Wenn jemand auf Urlaub oder auf Ferien geht, wünscht man ihm "Schönen Urlaub!" oder "Schöne Ferien!"

Wenn man sich von jemandem verabschiedet, sagt man zu ihm "Auf Wiedersehen!"
Wenn man jemandem auf den Fuß tritt, sagt man zu ihm "Entschuldigung!"

Wenn ein Freund sich verlobt, gratuliert man ihm.
Wenn eine Freundin sich verlobt, gratuliert man ihr.

Lehrer: Was sage ich zu dir, wenn ich dir auf den Fuß trete?
Schüler: Sie sagen zu mir "Entschuldigung".
Lehrer: Was sagst du zu mir, wenn du mich am Abend triffst?
Schüler: Ich sage zu Ihnen "Guten Abend".

## *Aufgaben*

1. Was macht man, wenn eine Freundin sich verlobt?
2. Was wünscht man einem Freund, wenn er Geburtstag hat?
3. Was sagt man zu jemandem, wenn man ihm auf den Fuß tritt?
4. Was wünscht man einem Freund, wenn man ihn am Abend trifft?
5. Was wünscht man ihm, wenn man ihn am Vormittag trifft?
6. Was sagt man zu jemandem, wenn man sich von ihm verabschiedet?
7. Was wünscht man jemandem, wenn er krank ist?
8. Was wünscht man jemandem, wenn er ins Bett geht?
9. Was wünscht man jemandem, wenn er eine Prüfung macht?
10. Was wünscht man jemandem, wenn er ins Theater geht?
11. Was wünscht man jemandem, wenn er auf Urlaub geht?
12. Was wünscht man jemandem, wenn er auf eine Reise geht?
13. Wann wünscht man einem Freund "Alles Gute"?
14. Wann wünscht man einem Freund "Guten Morgen"?
15. Wann wünscht man jemandem "Gute Nacht"?
16. Wann wünscht man jemandem "Gute Besserung"?

17. Wann wünscht man jemandem “Viel Erfolg”?
18. Wann wünscht man jemandem “Schönen Urlaub”?
19. Wann wünscht man jemandem “Viel Spaß”?
20. Was ist ein anderer Ausdruck für “Viel Spaß”?
21. Wann wünscht man jemandem “Gute Reise”?
22. Wann wünscht man jemandem “Guten Abend”?
23. Wann sagt man zu jemandem “Entschuldigung”?
24. Wann gratuliert man zum Beispiel einem Freund?

# *Kapitel dreißig*

A

(*a*)

Heute ist der zehnte Juni.
Gestern war der neunte Juni.
Vorgestern war der achte Juni.
Vorvorgestern war der siebente Juni.

Letzten Sonntag war der dritte Juni.
Letzten Samstag war der zweite Juni.
Letzten Freitag war der erste Juni.

(*b*)

Heute ist das Wetter schlecht (schön). Es regnet. (Die Sonne scheint).
Gestern war das Wetter schön (schlecht). Die Sonne schien. (Es regnete. Es schneite).

(*c*)

Barbara und Elisabeth Lohmann sind jetzt fünfzehn Jahre alt.
Letztes Jahr waren sie vierzehn Jahre alt.
Vor zwei Jahren waren sie dreizehn Jahre alt.
Vor drei Jahren waren sie zwölf Jahre alt.

(*d*)

Barbara ist jetzt in der zehnten Klasse.
Ihre Schwester ist jetzt in der neunten Klasse.
Vor einem Jahr war Barbara in der neunten Klasse.
Vor einem Jahr war Elisabeth in der achten Klasse.

(*e*)

Es ist jetzt elf Uhr.
Vor einer Stunde war es zehn Uhr.
Vor zwei Stunden war es neun Uhr.
Vor einer halben Stunde war es halb elf.

Lehrer: Heute trage ich ein weißes Hemd.
Gestern trug ich ein blaues Hemd.
Letzten Sonnabend trug ich ein kariertes Hemd.
Was für ein Hemd trage ich heute?
Schüler: Heute tragen Sie ein weißes Hemd.
Lehrer: Was für ein Hemd trug ich gestern?
Schüler: Gestern trugen Sie ein blaues Hemd.
Lehrer: Was für ein Hemd trug ich letzten Sonnabend.
Schüler: Letzten Sonnabend trugen Sie ein kariertes Hemd.

## *Aufgaben*

A

1. Der wievielte ist heute?
2. Der wievielte war gestern?
3. Der wievielte war letzten Mittwoch?
4. Wie ist das Wetter heute?
5. Wie war das Wetter gestern?
6. Wie alt ist Barbara jetzt?
7. Wie alt war sie vor einem Jahr?
8. Wie spät ist es jetzt?
9. Wie spät war es vor einer Stunde?
10. In welcher Klasse ist Elisabeth jetzt?
11. In welcher Klasse war sie vor einem Jahr?

B

1. Wie alt bist du jetzt?
2. Der wievielte war letzten Freitag?
3. Was für ein Hemd / Kleid trägt dein Vater / deine Mutter heute?
4. Wie alt waren Elisabeth und Barbara vor drei Jahren?
5. In welcher Klasse bist du jetzt?
6. Wie spät war es vor zwei Stunden?
7. Wie alt sind Elisabeth und Barbara jetzt?
8. Warst du vor einem Jahr in der sechsten Klasse?
9. Was für ein Hemd / Kleid trug dein(e) Lehrer(in) gestern?
10. Wie alt warst du letztes Jahr?

B

Frau Brink ist Witwe. Obwohl sie fast sechzig Jahre alt ist, ist sie immer noch sehr aktiv. Sie hat jeden Tag etwas vor. Ihr "Stundenplan" sieht ungefähr so aus:

| Tag | Wohin | Zeit | Mit wem | Was sie danach macht. |
|---|---|---|---|---|
| So | Kirche | 10 Uhr | allein | Sie besucht auf dem Friedhof das Grab von ihrem Mann. |
| Mo | Abendschule | 19 Uhr | Nachbarin | Sie trinkt ein Glas Wein im Ratscafé. |
| Di | Schwimmen | 6 Uhr | Tochter | Sie frühstückt bei ihrer Tochter. |
| Mi | Einkaufen | 9 Uhr | allein | Sie geht in die Bücherei und holt ein paar Kriminalromane. |
| Do | Abendessen | 18 Uhr | allein | Sie sieht bei ihrer Tochter fern. |
| Fr | Kino | 15 Uhr | Nichte | Sie ißt bei ihrem Sohn zu Abend. |
| Sa | Spaziergang | 14 Uhr | Nachbarin | Sie trinkt Kaffee im Europa-Hotel. |

Am Sonntag geht sie in die Kirche.
Nach der Kirche besucht sie das Grab von ihrem Mann.
Sie geht am Montagabend mit ihrer Nachbarin in die Abendschule und lernt Spanisch.
Nach der Abendschule trinken sie zusammen ein Glas Wein.
Jeden Dienstag um sechs Uhr geht sie mit ihrer Tochter schwimmen.

Nach dem Schwimmen frühstückt sie bei ihrer Tochter.
Am Mittwoch geht sie einkaufen.
Nach dem Einkaufen geht sie in die Bücherei und holt ein paar Kriminalromane.
Am Donnerstag ist sie bei ihrer Tochter zum Abendessen.
Nach dem Abendessen sieht sie bei ihrer Tochter fern.
Nach dem Kino ißt sie bei ihrem Sohn zu Abend.
Sie macht mit ihrer Nachbarin jeden Samstag einen Spaziergang.
Nach dem Spaziergang trinken beide Kaffee im Europa-Hotel.

## *Aufgaben*

1. Wann besucht Frau Brink am Sonntag das Grab von ihrem Mann?
2. Wohin geht sie am Montag und mit wem?
3. Wann trinkt sie am Montag ihr Glas Wein?
4. Wohin geht sie, um den Wein zu trinken?
5. Wohin geht sie, um das Grab von ihrem Mann zu besuchen?
6. Wohin geht sie um 6 Uhr am Dienstag?
7. Wann frühstückt sie bei ihrer Tochter am Dienstag?
8. Was macht sie um 9 Uhr am Mittwoch?
9. Wann geht sie am Mittwoch in die Bücherei?
10. Wozu geht sie dorthin?
11. Wohin geht sie um 18 Uhr am Donnerstag?
12. Wann sieht sie am Donnerstag bei ihrer Tochter fern?
13. Mit wem geht sie schwimmen?
14. Mit wem geht sie in die Abendschule?
15. Was macht sie um 15 Uhr am Freitag?
16. Mit wem?
17. Wann ißt sie am Freitag zu Abend bei ihrem Sohn?
18. Bei wem sieht sie am Donnerstag fern?
19. Was macht sie um 14 Uhr am Samstag?
20. Mit wem geht sie spazieren?
21. Wann geht sie am Samstag ins Europa-Hotel?
22. Wozu?
23. Wozu geht sie am Donnerstag zu ihrer Tochter?
24. Wozu geht sie am Dienstag zu ihrer Tochter?
25. Wozu geht sie in die Abendschule?

# *Kapitel einunddreißig*

## BERÜHMTE MÄNNER

| Nachname | Vorname | geboren | Staatsangehörigkeit | Beruf | † |
|---|---|---|---|---|---|
| Churchill | Winston Spencer | 1874 | Engländer | (i) Soldat 1893<br>(ii) Politiker 1900<br>Premierminister 1940/1951 | 1965 |
| van Beethoven | Ludwig | 1770 | Deutscher (→ Wien 1791) | Komponist | 1827 |
| van Gogh | Vincent | 1853 | Holländer (→ Frankreich 1886) | Maler | 1890 |
| Hemingway | Ernest | 1898 | Amerikaner | Schriftsteller (Nobelpreis 1954) | 1961 |

Winston Spencer Churchill war Engländer. Er wurde im Jahr 1874 geboren. Im Jahr 1893 wurde er Soldat. Er kämpfte in Indien und in Afrika. Im Jahr 1900 wurde er Politiker. Zweimal wurde er Premierminister – zum erstenmal im Jahr 1940 und zum zweitenmal im Jahr 1951. Er schrieb auch sehr viel – hauptsächlich politische Bücher – malte gern, rauchte gern Zigarren und trank gern Cognac. Er starb im Jahr 1965 in London und wurde in dem Dorf Bladon begraben.

Ludwig van Beethoven war Komponist von Beruf. Er wurde im Jahr 1770 in Bonn geboren. Er war Deutscher, aber im Jahr 1791 ging er nach Wien und wohnte dort, bis er im Jahr 1827 starb. Beethoven komponierte hauptsächlich Konzertmusik.

Vincent van Gogh war Maler von Beruf. Er wurde im Jahr 1853 geboren. Er war Holländer, aber im Jahr 1886 ging er nach Frankreich und wohnte dort, bis er im Jahr 1890 starb.

Ernst Hemingway war Schriftsteller von Beruf. Er wurde im Jahr 1898 geboren. Obwohl er Amerikaner war, wohnte er einige Jahre in Frankreich, Spanien und England. Er schrieb hauptsächlich Romane und Kurzgeschichten. Sein erster Roman hieß "The Sun also Rises". Im Jahr 1954 bekam Hemingway den Nobelpreis für Literatur. Er starb im Jahr 1961.

Lehrer: Ich wurde Lehrer im Jahr 1965. Ich war damals 25 Jahre alt. Wie alt war ich, als ich Lehrer wurde?
Schüler: Sie waren 25 Jahre alt.
Lehrer: Was machte ich, als ich 25 Jahre alt war?
Schüler: Sie wurden Lehrer.
Lehrer: In welchem Jahr wurde ich Lehrer?
Schüler: Im Jahr 1965.
Lehrer: In welchem Alter wurde ich Lehrer?
Schüler: Als Sie 25 Jahre alt waren.

Man geht zur Armee, wenn man Soldat werden will.
Wenn man Seemann (Matrose) werden will, geht man zur Marine.
Man geht zur Luftwaffe, wenn man Flieger werden will.
Ein Mensch stirbt, wenn er nicht mehr atmen kann.

## *Aufgaben*

A

1. Wie hieß Churchill mit Vornamen?
2. Wie hieß Beethoven mit Vornamen?
3. Wie heißt du mit Nachnamen?
4. Wie heißt dein(e) Deutschlehrer(in) mit Vornamen?
5. Wieviele Vornamen hatte Churchill?
6. Hatte Hemingway zwei Vornamen?
7. Wieviele Vornamen hast du?
8. Was war Hemingway von Beruf?
9. Was war van Gogh von Beruf?
10. Wieviele Berufe hatte Beethoven?
11. Wieviele Berufe hatte Churchill?
12. Was bist du von Beruf?
13. Was war Churchill zuerst von Beruf?
14. Und was war er später?

B

1. Was machte Beethoven?
2. Was für Musik komponierte er hauptsächlich?
3. Was machte Churchill gern?
4. Was machte er, als er in Indien und in Afrika war?
5. Komponierte Hemingway?
6. Was macht ein Komponist?
7. Was macht ein Maler?
8. Unterrichtet ein Schriftsteller?

9. Was machte van Gogh?
10. Schrieb Churchill hauptsächlich Romane?
11. Was für Literatur schrieb Hemingway hauptsächlich?
12. Schrieb Shakespeare Theaterstücke oder Romane?
13. Was macht ein Soldat?
14. Wann kämpfte Churchill?
15. Rauchte er gern Zigaretten?
16. Trank er gern Limonade?
17. Was trinkt dein Vater gern?
18. Was raucht er gern?
19. Was geschieht, wenn man zuviel Alkohol trinkt?
20. Was geschieht, wenn ein Mensch nicht mehr atmen kann?
21. Was geschah im Jahr 1965 in London?
22. Was geschah im Jahr 1874?
23. Was machte Churchill im Jahr 1893?
24. Was machte er im Jahr 1900?
25. Was geschah im Jahr 1940?
26. Was geschah im Jahr 1965 in Bladon?
27. Wie oft wurde Churchill Premierminister?
28. Was machte van Gogh im Jahr 1886?
29. War er Deutscher?
30. War Churchill auch Holländer?
31. War Beethoven Engländer?
32. Und Hemingway?
33. Was bist du?
34. Ist dein(e) Lehrer(in) Italiener(in)?
35. In welcher Stadt wohnt er (sie)?
36. In welcher Stadt wohnte Beethoven?
37. In welcher Stadt wurde er geboren?
38. In welchem Land wohnte Hemingway?
39. In welchem Jahr starb er?
40. Was bekam er im Jahr 1954?
41. In welchem Alter wurde Churchill Soldat?
42. Wie wird man Soldat?
43. Was wird man, wenn man zur Luftwaffe geht?
44. Wie wird man Seemann?
45. Kämpfte Churchill in Indien und Afrika, als er *Politiker* war?
46. In welchem Alter wurde er zum zweitenmal Premierminister?
47. In welchem Alter starb er?

# *Kapitel zweiunddreißig*

## EIN WENIG GESCHICHTE

| | Der letzte König Spaniens | Der letzte König Portugals | Der letzte König Italiens | Der letzte König Frankreichs | Der letzte Kaiser Deutschlands |
|---|---|---|---|---|---|
| hieß | Alfonso XIII | Manoel II | Umberto II | Louis Philippe I | Wilhelm II |
| geboren | 1886 | 1889 | 1904 | 1773 | 1859 |
| Kaiser/König | 1902 | 1908 | 1946 | 1830 | 1888 |
| heiratete | 1906 | 1913 | 1930 | 1809 | 1881, 1922 |
| Frau | Victoria aus Deutschland | Augusta aus Deutschland | Maria José aus Belgien | Maria aus Italien | Auguste aus Deutschland<br>Hermine aus Deutschland |
| Kinder | 6 | 0 | 2 | 8 | 7 |
| Exil | 1931 | 1910 | 1946 | 1848 | 1918 |
| Land | Italien | England | | England | Holland |
| starb | 1941 | 1932 | | 1850 | 1942 |
| herrschte | 29 Jahre | 2 Jahre | 1 Monat | 18 Jahre | 30 Jahre |
| lebte | 55 Jahre | 43 Jahre | | 77 Jahre | 83 Jahre |

Wilhelm der Zweite war der letzte Kaiser Deutschlands. Er wurde im Jahr 1859 geboren. Im Jahr 1881 heiratete er Auguste Victoria. Sie hatten sieben Kinder. Auguste Victoria starb im Jahr 1921, und ein Jahr später heiratete Wilhelm wieder. Seine zweite Frau hieß Hermine. Sie hatte keine Kinder. Wilhelm wurde im Jahr 1888 Kaiser. Im Jahr 1918 am Ende des ersten Weltkrieges dankte er ab und ging ins Exil nach Doorn in Holland. Dort starb er im Jahr 1942.

## *Aufgaben*

1. Wer war Wilhelm der Zweite?
2. Wer war Louis Philippe der Erste?
3. Wie hieß der letzte König Italiens?
4. Wie heißt der jetzige König Englands?
5. In welchem Jahr wurde Wilhelm geboren?
6. In welchem Jahr starb er?
7. Wann stirbt ein Mensch?
8. Wielange lebte Wilhelm?

9. In welchem Jahr wurde er Kaiser?
10. Was geschah im Jahr 1830?
11. Was machte Wilhelm im Jahr 1881?
12. In welchem Alter heiratete er zum zweitenmal?
13. Woher kamen seine Frauen?
14. Kam die Frau von Louis Philippe auch aus Deutschland?
15. Woher kommt dein(e) Deutschlehrer(in)?
16. Wieviele Kinder hatte Auguste Victoria?
17. Wie hießen die Kinder von Hermine?
18. Wie heißen die Kinder von der jetzigen Königin Englands?
19. Was machte Wilhelm im Jahr 1918? (2 Antworten!)
20. In welchem Alter ging er ins Exil?
21. Wielange herrschte Wilhelm?
22. Wielange herrschte der letzte König Italiens?
23. In welchem Jahr verließ Wilhelm Deutschland?
24. Wohin ging Manoel der Zweite im Jahr 1910?
25. War er Portugiese oder Spanier?
26. Woher kommt ein Spanier?
27. War Umberto der Zweite Franzose?
28. War Wilhelm der Zweite Engländer?
29. Ging er später ins Exil als Umberto der Zweite?
30. War er älter oder jünger als Umberto der Zweite, als er zum zweitenmal heiratete?

# *Kapitel dreiunddreißig*

## SCHULFREI! (I)

Letzten Donnerstag war es furchtbar kalt. Wie üblich gingen Elisabeth und ihre Schwester zur Schule. Es schneite, und deswegen fuhren sie mit der Straßenbahn. Als sie die Schule erreichten, hörten sie von ihren Mitschülerinnen, daß es keine Schule gab. Die Zentralheizung der Schule war kaputt, und in dem Schulgebäude war es zu kalt. Die beiden Mädchen waren natürlich sehr erfreut und fuhren sofort nach Hause. Frau Lohmann war überrascht, als ihre Kinder kurz vor halb neun an die Haustür klopften.

Es schneite fast ununterbrochen, und die Zwillinge konnten leider nicht nach draußen gehen. Sie blieben den ganzen Vormittag oben in ihrem Zimmer und warteten, bis es aufhörte zu schneien. Elisabeth schrieb zuerst einen Brief. Dann saß sie am Fenster und zeichnete die Winterlandschaft. Barbara hatte nichts zu tun und langweilte sich. Sie lag auf ihrem Bett, hörte Schallplatten und las gleichzeitig eine Zeitschrift.

Am Nachmittag gegen zwei Uhr hörte es auf zu schneien. Frau Lohmann wollte in die Stadt fahren und nahm die Kinder mit, weil sie auch für sie einiges kaufen wollte. Alle drei zogen sich warm an. Elisabeth und Barbara trugen ihre dicken Wintermäntel, ihre langen Schals, ihre schwarzen Handschuhe und ihre Fellstiefel. Ihre Mutter trug ihren schönen Pelzmantel, eine Skihose und ihre kurzen Stiefel.

## *Aufgaben*

A

1. Wie war das Wetter letzten Donnerstag?
2. Regnete es?
3. Wie war das Wetter gestern?
4. Wohin gingen Elisabeth und Barbara letzten Donnerstag?
5. Wie fuhren sie zur Schule?
6. Warum *fuhren* sie zur Schule?
7. Mit wem fuhr Barbara zur Schule?
8. Was hörten Elisabeth und Barbara, als sie die Schule erreichten?
9. Von wem hörten sie, daß es keine Schule gab?
10. Wie reagierten die beiden Mädchen, als sie hörten, daß es keine Schule gab?
11. Warum gab es keine Schule?
12. Was machten die beiden Zwillinge, als sie hörten, daß es keine Schule gab?
13. Warum fuhren sie nach Hause?
14. Was machten sie, als sie das Haus erreichten?
15. Wie reagierte ihre Mutter, als sie an die Tür klopften?
16. Wann fuhren die Kinder nach Hause?
17. Wann hörten die Kinder, daß es keine Schule gab?
18. Wann öffnete Frau Lohmann die Tür
19. Wo war Frau Lohmann, als die Kinder klopften?
20. Wo war die kaputte Zentralheizung?
21. Warum waren die Kinder erfreut?
22. Warum war ihre Mutter überrascht?
23. Warum öffnete Herr Lohmann die Tür nicht?
24. Was ist das Gegenteil von kalt?
25. Was ist das Gegenteil von kurz?
26. Was ist das Gegenteil von erfreut?
27. Was ist das Gegenteil von kaputt?

B

1. Wie ist das Wetter heute?
2. Wie fährst du normalerweise zur Schule?
3. Um wieviel Uhr erreichst du die Schule gewöhnlich?
4. Mit wem fährst du zur Schule?
5. Was machst du in der Schule?
6. Wie fahren die Zwillinge normalerweise zur Schule?
7. Was machen sie, wenn das Wetter schlecht ist?
8. Um wieviel Uhr erreichen sie die Schule, wenn sie zu Fuß gehen?
9. Und wenn sie mit der Straßenbahn fahren?

C

1. Was wollten Elisabeth und Barbara machen, als sie nach Hause kamen?
2. Warum konnten sie nicht nach draußen gehen?
3. In welchem Zimmer blieben sie den ganzen Vormittag?
4. Worauf warteten sie?
5. Was machte Elisabeth, als sie in ihrem Zimmer war?
6. Was zeichnete sie?
7. Wo saß sie, als sie zeichnete?
8. Warum langweilte sich Barbara?
9. Worauf lag sie?
10. Was hörte sie, als sie auf ihrem Bett lag?
11. Was machte sie sonst noch?
12. Wer saß am Fenster?
13. Wer lag auf dem Bett?
14. Um wieviel Uhr kamen die Zwillinge nach Hause?
15. Warum kamen sie nach Hause?
16. Was schrieb Elisabeth?
17. Was las ihre Schwester?
18. Warum blieben die Zwillinge den ganzen Vormittag in ihrem Zimmer?

D

1. In welchem Zimmer bist du jetzt?
2. Was machst du jetzt?
3. Worauf sitzt du?
4. Womit schreibt man?
5. Womit zeichnet man?
6. Was braucht man, wenn man Schallplatten hören will?
7. Wann langweilt man sich?
8. Wo wartet man auf einen Bus?

E

1. Hörte es am *Vormittag* auf zu schneien?
2. Um wieviel Uhr hörte es auf zu schneien?
3. Wohin wollte Frau Lohmann fahren?
4. Mit wem wollte sie fahren?
5. Wen nahm sie mit?

6. Warum nahm sie die Zwillinge mit?
7. Für wen wollte sie einiges kaufen?
8. Wie zogen sie sich an?
9. Warum zogen sie sich warm an?
10. Was für Mäntel zogen die Kinder an?
11. Was für einen Mantel zog ihre Mutter an?
12. Was für eine Hose zog Frau Lohmann an?
13. Was für Handschuhe zogen die Kinder an?
14. Welche Stiefel trug Frau Lohmann?
15. Welche Stiefel trugen die Kinder?
16. Welche Mäntel trugen sie?
17. Welchen Mantel trug Frau Lohmann?
18. Welche Schals trugen die Mädchen?
19. Welche Handschuhe trugen sie?
20. Wie waren die Mäntel von Elisabeth und Barbara?
21. Wie waren die Stiefel von Frau Lohmann?
22. Wie war der Pelzmantel von ihr?
23. Wie waren die Schals von den Mädchen?
24. Welche Farbe hatten ihre Handschuhe?

F

1. Wann trägt man einen Wintermantel?
2. Wann ziehst du dich warm an?
3. Wann zieht man sich leicht an?
4. Wann trägst du Gummistiefel?
5. Wann fährst du in die Stadt?
6. Um wieviel Uhr hört der Unterricht in der Schule auf?

# *Kapitel vierunddreißig*

## DIE FERIEN

Als Schüler hat man mindestens viermal im Jahr Ferien. Das Schuljahr fängt im September an. Die ersten Ferien des Schuljahres heißen die Weihnachtsferien. Sie dauern ungefähr drei Wochen. Dann kommen die Osterferien, die auch ungefähr zwei bis drei Wochen dauern. Die nächsten Ferien sind die Pfingstferien, aber sie dauern höchstens vier oder fünf Tage. Die längsten Ferien sind natürlich die Sommerferien, die etwa sechs Wochen dauern. In England fangen sie normalerweise im Juli an und hören im September auf.

## *Aufgaben*

A

1. Was macht ein Schüler?
2. Wo lernt er?
3. Wie oft im Jahr hat ein Schüler Ferien?
4. Was ist das Gegenteil von mindestens?
5. Wieviele Wochen sind ein Jahr?
6. In welchem Monat fängt das Schuljahr an?
7. In welchem Monat hört das Schuljahr auf?
8. Ist September der siebente Monat?
9. Wie heißen die ersten Ferien des Schuljahres?
10. Wie heißen die nächsten Ferien des Schuljahres?
11. Wie heißen die längsten Ferien des Schuljahres?
12. Wie lange dauern die Pfingstferien normalerweise?
13. Wie lange dauern die Osterferien?
14. Wie lange dauern die Weihnachtsferien?

B

1. Wann fingen die letzten Sommerferien an?
2. Wann fingen die letzten Osterferien an?
3. Wann fingen die letzten Weihnachtsferien an?
4. Wann hörten sie auf?
5. Wie lange dauerten sie genau?
6. Was ist das Gegenteil von genau?
7. Wie lange dauerten die letzten Pfingstferien?
8. Wie lange dauerten die letzten Sommerferien?
9. Wann hörten sie auf?
10. Wann fingen die letzten Sommerferien an?
11. Wann fangen die nächsten Osterferien an?
12. Wann hören die nächsten Weihnachtsferien auf?

# *Kapitel fünfunddreißig*

## SCHULFREI! (II)

Frau Lohmann und die Zwillinge wollten um 14.42 Uhr mit der Straßenbahn in die Stadt fahren, aber weil sie nicht pünktlich an der Haltestelle standen, verpaßten sie die Straßenbahn und mußten mit dem Bus um 14.18 Uhr fahren. Der Bus brachte sie direkt in die Stadtmitte. Frau Lohmann wollte für sich selbst ein Paar Schuhe kaufen. Sie gingen also gleich ins Schuhgeschäft. In dem ersten Geschäft gab es ihre Größe nicht. In dem zweiten Geschäft hatte man zwar ihre Größe, aber nicht die richtige Farbe. Erst im dritten Geschäft fand sie genau die Schuhe, die sie suchte. Sie waren blau und hatten vorne eine kleine weiße Schleife. Sie kosteten nur 45 DM, und Frau Lohmann freute sich, weil sie so preiswert waren.

Dann gingen sie zu Opitz. Opitz ist ein großes Kaufhaus in Bielefeld. Dort kann man fast alles kaufen. Elisabeth und Barbara brauchten neue Röcke. Sie gingen also in den zweiten Stock, wo die Kleider waren. Die Mädchen probierten viele Röcke an und konnten sich zuerst nicht entscheiden, weil es so viele schöne Farben gab. Endlich aber kaufte Elisabeth einen blaukarierten und Barbara einen einfachen in Hellgrün. Der karierte Rock kostete 28 DM und der hellgrüne 26 DM.

Bevor sie nach Hause fuhren, gingen die Mädchen und ihre Mutter ins Ratscafé. Wie immer trank Frau Lohmann einen Kaffee und aß ein Stück Obsttorte. Elisabeth aber bestellte einen Tee mit Zitrone und ein Stück Apfelkuchen mit Sahne. Ihre Schwester bestellte eine Flasche Apfelsaft, aber sie aß nichts. Als sie das Café verließen, war es halb fünf, und es war schon dunkel. Es fror auch. Auf den Straßen gab es jetzt Glatteis, und der Verkehr fuhr deshalb sehr langsam. Frau Lohmann wollte nicht in der Kälte an der Haltestelle warten. Sie gingen stattdessen zum Taxistand und fuhren mit einer Taxe nach Hause.

Man freut sich (man ist erfreut oder froh), wenn etwas Gutes oder Schönes passiert.
Man ärgert sich (man ist ärgerlich oder böse), wenn etwas Schlechtes passiert.
Man ist überrascht, wenn etwas Unerwartetes passiert.

## *Aufgaben*

A

1. Wohin wollten Frau Lohmann und die Zwillinge fahren?
2. Wie wollten sie fahren?
3. Wie mußten sie fahren?
4. Warum konnten sie nicht mit der Straßenbahn fahren?
5. Um wieviel Uhr fuhr die Straßenbahn?
6. Um wieviel Uhr fuhr der Bus?
7. Fuhr der Bus *früher* als die Straßenbahn?
8. Verpaßten Frau Lohmann und die Kinder den *Bus*?
9. Wohin brachte sie der Bus?
10. Blieben sie dann in dem Bus?
11. Wo stiegen sie in den Bus ein?
12. Was wollte Frau Lohmann für sich selbst kaufen?
13. Was wollte sie für die Zwillinge kaufen?
14. In welches Geschäft gingen sie zuerst?
15. In was für ein Geschäft gingen sie, um die Röcke zu kaufen?
16. Warum kaufte Frau Lohmann die Schuhe nicht in dem ersten Geschäft?
17. Warum kaufte sie sie nicht in dem zweiten Geschäft?
18. In welchem Geschäft kaufte sie die Schuhe?
19. Was für Schuhe suchte sie?
20. Was für eine Schleife hatten die Schuhe?
21. Wo war sie?
22. Was kosteten die Schuhe?
23. Wie reagierte Frau Lohmann, als sie hörte, daß die Schuhe nur 45 DM kosteten?
24. Warum?

B

1. Brauchten Elisabeth und Barbara Mäntel?
2. In welchen Stock gingen sie?
3. Warum?
4. Was probierten die Mädchen dort an?
5. Was probierte Frau Lohmann in dem Schuhgeschäft an?
6. Wie waren die Farben von den Röcken?
7. Gab es wenige Farben?
8. Warum konnten die Kinder sich nicht entscheiden?
9. Was für einen Rock kaufte Elisabeth endlich?
10. Was für einen Rock kaufte ihre Schwester?
11. Wieviel kostete der karierte Rock?
12. Wieviel kostete der hellgrüne Rock?
13. Welcher Rock war billiger?
14. Waren die Schuhe billiger als die Röcke?
15. Welcher Rock kostete 28 DM?
16. Welcher Rock kostete 26 DM?
17. Bekam Elisabeth den *einfachen* Rock?

C

1. Wohin gingen Frau Lohmann und die Kinder, bevor sie nach Hause fuhren?
2. Was trank Frau Lohmann?
3. Was trank Elisabeth?
4. Was trank ihre Schwester?
5. Was aß Frau Lohmann?
6. Was aß Elisabeth?
7. Was aß Barbara?
8. Bestellte Frau Lohmann Kaffee?
9. Und Elisabeth?
10. Was bestellte Barbara?
11. Um wieviel Uhr verließen sie das Café?
12. War es hell, als sie das Café verließen?
13. Was gab es auf den Straßen?
14. Warum?
15. Warum fuhr der Verkehr langsam?
16. Wohin gingen sie, als sie das Café verließen?
17. Warum gingen sie zu dem Taxistand?
18. Warum wollte Frau Lohmann nicht an der Bushaltestelle warten?
19. Wohin fuhren sie?
20. Wie fuhren sie?

D

1. Wenn Leute an einer Bushaltestelle warten, womit wollen sie fahren?
2. Womit wollen Leute fahren, wenn sie an einer Straßenbahnhaltestelle stehen?
3. Was passiert, wenn die Leute nicht pünktlich an der Haltestelle stehen?
4. Was müssen die Leute machen, wenn sie den Bus oder die Straßenbahn verpassen?
5. Wie reagieren sie gewöhnlich, wenn sie warten müssen?
6. Wie reagieren sie normalerweise, wenn der nächste Bus oder die nächste Straßenbahn kommt?
7. Was machen manchmal einige Fahrgäste, wenn der Bus an der Haltestelle hält?
8. Und was machen dann die Leute, die warten?
9. Was macht man, wenn man etwas verliert?
10. Wie reagiert man, wenn man es findet?
11. Wie reagiert man, wenn man es nicht findet?
12. Bringt dich ein Bus schneller nach Hause als eine Taxe?
13. Was kostet die Fahrt mit dem Bus?
14. Ist die Fahrt mit der Taxe billiger?
15. Was machst du, wenn du einen neuen Mantel kaufen willst, bevor du ihn kaufst?
16. Probierst du etwas an, um zu sehen, ob es zu teuer ist?

17. Was probiert man normalerweise in einem Schuhgeschäft an?
18. Was braucht man, wenn man sehen will, ob ein neuer Mantel lang genug ist?
19. Ist ein Mantel normalerweise länger oder kürzer als eine Jacke?
20. Wenn du ins Café gehst, was bestellst du normalerweise zu trinken?
21. Du hast großen Durst. Wie reagierst du, wenn du etwas Schönes zu trinken bekommst?
22. Wann bist du überrascht?

# *Kapitel sechsunddreißig*

Konrad Lohmann ist jetzt zweiundzwanzig Jahre alt. Vor drei Jahren machte er sein Abitur und verließ danach die Schule. (Das Abitur ist die letzte Prüfung, die man an einem deutschen Gymnasium macht. Man macht sie normalerweise mit achtzehn oder neunzehn Jahren.) Dann mußte er zur Bundeswehr gehen. (Die Armee, die Marine und die Luftwaffe der Bundesrepublik Deutschland nennt man die Bundeswehr.) Jeder deutsche Junge, der gesund genug ist, muß anderthalb Jahre bei der Bundeswehr dienen. Als Konrad bei der Bundeswehr war, mußte er sehr schwer arbeiten. Er verdiente nur wenig Geld, aber er hatte immer viel zu tun. Jeden Abend ging er früh ins Bett, und jeden Morgen stand er früh auf. Er freute sich immer, wenn er Urlaub hatte und für ein paar Tage nach Hause fahren konnte. Für Konrad war die Bundeswehrzeit eine schreckliche Zeit, und er war froh, als sie endlich vorbei war. Konrad verließ die Bundeswehr im August. Obwohl er studieren wollte, konnte er nicht sofort im August anfangen, weil das Semester erst im Oktober anfing. Im August und im September arbeitete er in der Fabrik seines Vaters und verdiente sich etwas Taschengeld. Er arbeitete zuerst in der Kantine und spülte dort Geschirr ab. Später fuhr er einen Lastwagen für die Firma und lieferte Möbel. In den acht Wochen verdiente er ungefähr 1500 DM. Ende September verließ er Bielefeld. Obwohl Bielefeld auch eine Universität hat, wollte Konrad in Tübingen studieren, weil einige von seinen Freunden schon dort studierten. Er erreichte Tübingen, etwa vier Wochen bevor das Wintersemester anfing. In den ersten Tagen wohnte er bei einem Freund, der schon ein Zimmer hatte. Aber er suchte bald ein eigenes Zimmer, weil er allein wohnen wollte.

## *Aufgaben*

1. Was machte Konrad vor drei Jahren?
2. Was machte er, bevor er die Schule verließ?
3. Wann verließ er die Schule?
4. Was mußte er machen, als er die Schule verließ?
5. Wie lange mußte er bei der Bundeswehr dienen?
6. Wie mußte er arbeiten, als er bei der Bundeswehr war?
7. Dient ein Soldat normalerweise bei der Marine? Und ein Flieger?
8. Hatte er wenig zu tun, als er bei der Bundeswehr war?
9. Ging er spät ins Bett?
10. Stand er spät auf?
11. Warum mußte er früh ins Bett gehen?
12. Wie reagierte er immer, wenn er Urlaub hatte?
13. Wohin fuhr er immer, wenn er Urlaub hatte?
14. Wann konnte er nach Hause fahren?
15. Wie reagierte Konrad, als die Bundeswehrzeit vorbei war?
16. In welchem Monat verließ er die Bundeswehr?
17. Was wollte er machen, als er die Bundeswehr verließ?
18. Warum konnte er nicht sofort studieren?
19. Wie lange mußte er warten, bis er anfangen konnte?
20. In welchem Monat konnte er anfangen?
21. In welchem Monat fing das Semester an?
22. Was machte Konrad im August und im September?
23. In welcher Fabrik arbeitete er?
24. Warum arbeitete er?
25. Wo in der Fabrik arbeitete er zuerst?
26. Was machte er dort?
27. Was machte er später?
28. Lieferte er Kleider?
29. Lieferte er sie mit einem Auto?
30. Wieviel Geld verdiente er?
31. In welchem Monat verließ er Bielefeld?
32. In welcher Stadt wollte er studieren?
33. Warum wollte er in Tübingen studieren?
34. Wann erreichte er Tübingen?
35. Wo wohnte er in den ersten Tagen?
36. Wieviele Zimmer hatte dieser Freund?
37. Was machte Konrad bald?
38. Warum suchte er ein eigenes Zimmer?

# *Kapitel siebenunddreißig*

## MARIAS GEBURTSTAG

Letzten Samstag hatte Maria Geburtstag. Sie wurde einundzwanzig Jahre alt. Von ihrer Familie und von einigen Verwandten bekam sie viele Geschenke. Schon um acht Uhr klingelte der Briefträger. Maria lief zur Tür. Der Briefträger gab ihr eine Menge Briefe und Karten und drei Päckchen. Unter den Briefen waren einige für ihren Vater und ihre Mutter, aber die meisten waren für das Geburtstagskind selbst und die drei Päckchen natürlich auch. Maria freute sich sehr darüber. Das eine Päckchen war von ihren Großeltern. Sie schickten ihr ein Paar Lederhandschuhe. In dem nächsten Päckchen, das von ihrer Tante Ilse kam, war ein Seidenschal. Das dritte Päckchen kam aus Tübingen und enthielt einen Opernführer von ihrem Bruder Konrad. Am Frühstückstisch wünschte ihr die ganze Familie alles Gute. Ihr Vater überreichte ihr einen riesigen Blumenstrauß und eine Langspielplatte. Von ihrer Mutter bekam sie ein Armband, und die Zwillinge schenkten ihr einen Tennisschläger. Da es Samstag war, brauchten Maria und Herr Lohmann nicht zu arbeiten, und die Zwillinge kamen um 12 Uhr wieder aus der Schule. Bis dahin war Frau Lohmann mit ihrer Hausarbeit fertig, und dann ging die ganze Familie in dem Teutoburger Wald spazieren. Das Wetter war herrlich, und sie wanderten etwa anderthalb Stunden durch den Wald, bis sie gegen 13.30 Uhr die Gaststätte "Die Postkutsche" erreichten. Dort aß die Familie zu Mittag. Die Eltern aßen Gulasch mit Champignons und Reis. Maria bestellte ein Schnitzel mit Pommes frites und gemischtem Salat, und die Zwillinge aßen ein halbes Hähnchen mit Pommes frites. Zu dem Essen bestellte Herr Lohmann eine Flasche Wein. Nach dem Essen spazierten alle fünf weiter nach Oerlinghausen, einem Dorf, das am Rand des Waldes liegt. Dort stiegen sie in einen Bus ein und fuhren nach Bielefeld zurück. Sie waren natürlich alle sehr müde, aber der Tag war schön gewesen – besonders für Maria. Am Abend setzte sie sich hin und schrieb an ihre Verwandten, um ihnen für die Geschenke zu danken.

## *Aufgaben*

A

1. Wann hatte Maria Geburtstag?
2. Wie alt wurde sie?
3. Von wem bekam sie Geschenke?
4. Wann bekommt man Geschenke?
5. Bekam Maria wenige Geschenke?
6. Was geschah bei der Familie Lohmann um 8 Uhr?
7. Wo arbeitet ein Briefträger?
8. Klingelte der Briefträger um 8 Uhr abends?
9. Was ist ein anderes Wort für klingeln?
10. Was machte Maria, als der Briefträger klingelte?
11. Warum?
12. Was gab er ihr?
13. Wer war das Geburtstagskind?
14. Waren all die Briefe für Maria?
15. Für wen waren die Päckchen?
16. Wie reagierte Maria auf die Post?
17. Von wem war das eine Päckchen?
18. Was schickten sie Maria zum Geburtstag?
19. Von wem war das zweite Päckchen?
20. Was schickte sie?
21. Wer schickte die Handschuhe?
22. Schickten sie nur einen Handschuh?
23. Wer schickte den Schal?
24. War der Schal aus Wolle oder aus Seide?
25. Waren die Handschuhe auch aus Seide?
26. Von wem war das dritte Päckchen?
27. Was schickte er?
28. Woher kam das Päckchen?
29. Wie ist Konrad mit Maria verwandt?
30. Was wünschte ihr die Familie?
31. Wann?
32. Was machte Herr Lohmann dann?
33. Was ist das Gegenteil von riesig?
34. Was braucht man, wenn man eine Platte spielen will?
35. Wer überreichte Maria den Strauß?
36. Was gab ihr ihre Mutter?
37. Was gaben ihr die Zwillinge?
38. Trägt man ein Armband am Bein?
39. Wieviele Geschenke bekam Maria von ihren Eltern?
40. Wieviele bekam sie von ihren Geschwistern?

B

1. Warum mußte Herr Lohmann nicht arbeiten?
2. Was geschah um Mittag?
3. Was ist das Gegenteil von Mittag?
4. Was machte Frau Lohmann am Vormittag?
5. Wohin ging die ganze Familie, als die Kinder aus der Schule kamen?

6. Wie war das Wetter?
7. Was machte die Familie in dem Wald?
8. Wie lange spazierte sie?
9. Wo waren sie um 13.30 Uhr?
10. Wohin ging die Familie um 13.30 Uhr?
11. Aß die Familie dort zu Abend?
12. Was aßen Herr Lohmann und seine Frau?
13. Was aß Maria?
14. Was für einen Salat bestellte Maria?
15. Aßen die Zwillinge auch ein Schnitzel?
16. Was für Gemüse aß Frau Lohmann?
17. Wie hieß die Gaststätte?
18. Was trank die Familie zu dem Essen?
19. Was machte sie nach dem Essen?
20. Was ist Oerlinghausen?
21. Wie heißt der Wald, der in der Nähe von Bielefeld liegt?
22. Stieg die Familie in Oerlinghausen in einen Zug?
23. Wohin fuhr die Familie dann?
24. Wie?
25. Wie fühlten sie sich alle nach dem Spaziergang?
26. Was machte Maria am Abend?
27. Warum?
28. Wofür dankte sie ihrer Tante?
29. Wofür dankte sie ihrem Bruder?
30. Wofür dankte sie ihren Großeltern?
31. Wem dankte sie für das Armband?
32. Wem dankte sie für die Schallplatte?
33. Wem dankte sie für den Tennisschläger?
34. Wem dankte sie für den Opernführer?

# *Grammar Section*

## *The indefinite article*

*Singular*

| | *Masculine* | *Feminine* | *Neuter* |
|---|---|---|---|
| *Nominative* | ein Apfel | eine Blume | ein Fahrrad |
| *Accusative* | einen Apfel | eine Blume | ein Fahrrad |
| *Genitive* | eines Apfels | einer Blume | eines Fahrrads |
| *Dative* | einem Apfel | einer Blume | einem Fahrrad |

*Plural*

| | *Masculine* | *Feminine* | *Neuter* |
|---|---|---|---|
| *Nominative* | Äpfel | Blumen | Fahrräder |
| *Accusative* | Äpfel | Blumen | Fahrräder |
| *Genitive* | Äpfel | Blumen | Fahrräder |
| *Dative* | Äpfeln | Blumen | Fahrrädern |

Examples

| | *Masculine singular* | *Masculine plural* |
|---|---|---|
| *N.* | Das ist ein Apfel. | Das sind Äpfel. |
| *A.* | Er malt einen Apfel. | Er malt Äpfel. |
| *G.* | Die Farbe eines Apfels ist grün oder rot. | Er bringt eine Menge roter Äpfel. |
| *D.* | Er kommt mit einem Apfel. | Er kommt mit Äpfeln. |

| | *Feminine singular* | *Feminine plural* |
|---|---|---|
| *N.* | Das ist eine Blume. | Das sind Blumen. |
| *A.* | Er malt eine Blume. | Er malt Blumen. |
| *G.* | Die Farbe einer Blume ist immer schön. | Er bringt einen Strauß schöner Blumen. |
| *D.* | Er kommt mit einer Blume. | Er kommt mit Blumen. |

| | *Neuter singular* | *Neuter plural* |
|---|---|---|
| *N.* | Das ist ein Fahrrad. | Das sind Fahrräder. |
| *A.* | Er malt ein Fahrrad. | Er malt Fahrräder. |
| *G.* | Die Farbe eines Fahrrads ist auch wichtig. | Er kauft ein Dutzend alter Fahrräder. |
| *D.* | Er kommt mit einem Fahrrad. | Er kommt mit Fahrrädern. |

*The indefinite article (negative)*

*Singular*

| | *Masculine* | *Feminine* | *Neuter* |
|---|---|---|---|
| *Nominative* | kein Apfel | keine Blume | kein Fahrrad |
| *Accusative* | keinen Apfel | keine Blume | kein Fahrrad |
| *Genitive* | keines Apfels | keiner Blume | keines Fahrrads |
| *Dative* | keinem Apfel | keiner Blume | keinem Fahrrad |

*Plural*

| | *Masculine* | *Feminine* | *Neuter* |
|---|---|---|---|
| *Nominative* | keine Äpfel | keine Blumen | keine Fahrräder |
| *Accusative* | keine Äpfel | keine Blumen | keine Fahrräder |
| *Genitive* | keiner Äpfel | keiner Blumen | keiner Fahrräder |
| *Dative* | keinen Äpfeln | keinen Blumen | keinen Fahrrädern |

Examples

*Masculine singular*
*N.* Das ist kein Apfel
*A.* Er hat keinen Apfel

*Masculine plural*
Das sind keine Äpfel
Er hat keine Äpfel

*Feminine singular*
*N.* Das ist keine Blume.
*A.* Er hat keine Blume.

*Feminine plural*
Das sind keine Blumen.
Er hat keine Blumen.

*Neuter singular*
*N.* Das ist kein Fahrrad.
*A.* Er hat kein Fahrrad.

*Neuter plural*
Das sind keine Fahrräder.
Er hat keine Fahrräder.

N.B. The genitive and dative forms are rarely used.

*The definite article*

*Singular*

| | *Masculine* | *Feminine* | *Neuter* |
|---|---|---|---|
| *Nominative* | der Apfel | die Blume | das Fahrrad |
| *Accusative* | den Apfel | die Blume | das Fahrrad |
| *Genitive* | des Apfels | der Blume | des Fahrrads |
| *Dative* | dem Apfel | der Blume | dem Fahrrad |

*Plural*

| | *Masculine* | *Feminine* | *Neuter* |
|---|---|---|---|
| *Nominative* | die Äpfel | die Blumen | die Fahrräder |
| *Accusative* | die Äpfel | die Blumen | die Fahrräder |
| *Genitive* | der Äpfel | der Blumen | der Fahrräder |
| *Dative* | den Äpfeln | den Blumen | den Fahrrädern |

Examples

| Masculine singular | | Masculine plural |
|---|---|---|
| *N.* | Der Apfel ist groß. | Die Äpfel sind groß. |
| *A.* | Er malt den Apfel. | Er malt die Äpfel. |
| *G.* | Die Farbe des Apfels ist schön. | Die Farbe der Äpfel ist schön. |
| *D.* | Er kommt mit dem Apfel. | Er kommt mit den Äpfeln. |

| Feminine singular | | Feminine plural |
|---|---|---|
| *N.* | Die Blume ist gelb. | Die Blumen sind gelb. |
| *A.* | Er malt die Blume. | Er malt die Blumen. |
| *G.* | Die Farbe der Blume ist zu hell. | Die Farbe der Blumen ist zu hell. |
| *D.* | Er kommt mit der Blume. | Er kommt mit den Blumen. |

| Neuter singular | | Neuter plural |
|---|---|---|
| *N.* | Das Fahrrad ist alt. | Die Fahrräder sind alt. |
| *A.* | Er malt das Fahrrad. | Er malt die Fahrräder. |
| *G.* | Die Farbe des Fahrrads ist nicht wichtig. | Die Farbe der Fahrräder ist nicht wichtig. |
| *D.* | Er kommt mit dem Fahrrad. | Er kommt mit den Fahrrädern. |

## *Demonstrative adjective*

*Singular*

| | *Masculine* | *Feminine* | *Neuter* |
|---|---|---|---|
| *Nominative* | dieser Bleistift | diese Vase | dieses Schwein |
| *Accusative* | diesen Bleistift | diese Vase | dieses Schwein |
| *Genitive* | dieses Bleistifts | dieser Vase | dieses Schweins |
| *Dative* | diesem Bleistift | dieser Vase | diesem Schwein |

*Plural*

| | *Masculine* | *Feminine* | *Neuter* |
|---|---|---|---|
| *Nominative* | diese Bleistifte | diese Vasen | diese Schweine |
| *Accusative* | diese Bleistifte | diese Vasen | diese Schweine |
| *Genitive* | dieser Bleistifte | dieser Vasen | dieser Schweine |
| *Dative* | diesen Bleistiften | diesen Vasen | diesen Schweinen |

Examples

| Masculine singular | | Masculine plural |
|---|---|---|
| *N.* | Dieser Bleistift ist kaputt. | Diese Bleistifte sind kaputt. |
| *A.* | Ich kaufe diesen Bleistift. | Ich kaufe diese Bleistifte. |
| *G.* | Die Farbe dieses Bleistifts ist dunkler. | Die Farbe dieser Bleistifte ist dunkler. |
| *D.* | Er schreibt mit diesem Bleistift. | Er schreibt mit diesen Bleistiften. |

| Feminine singular | | Feminine plural |
|---|---|---|
| *N.* | Diese Vase ist zu groß. | Diese Vasen sind zu groß. |
| *A.* | Ich kaufe diese Vase. | Ich kaufe diese Vasen. |
| *G.* | Die Farbe dieser Vase ist schön. | Die Farbe dieser Vasen ist schön. |
| *D.* | Sie waren in dieser Vase. | Sie waren in diesen Vasen. |

| *Neuter singular* | | *Neuter plural* |
|---|---|---|
| *N.* | Dieses Schwein ist zu klein. | Diese Schweine sind zu klein. |
| *A.* | Ich kaufe dieses Schwein. | Ich kaufe diese Schweine. |
| *G.* | Der Kopf dieses Schweins ist zu dick. | Die Köpfe dieser Schweine sind zu dick. |
| *D.* | Es kommt von diesem Schwein. | Es kommt von diesen Schweinen. |

N.B. **jeder** is declined in the same way.

## *Interrogative adjective*

*Singular*

| | *Masculine* | *Feminine* | *Neuter* |
|---|---|---|---|
| *Nominative* | welcher Teller | welche Tüte | welches Zimmer |
| *Accusative* | welchen Teller | welche Tüte | welches Zimmer |
| *Genitive* | welches Tellers | welcher Tüte | welches Zimmers |
| *Dative* | welchem Teller | welcher Tüte | welchem Zimmer |

*Plural*

| | *Masculine* | *Feminine* | *Neuter* |
|---|---|---|---|
| *Nominative* | welche Teller | welche Tüten | welche Zimmer |
| *Accusative* | welche Teller | welche Tüten | welche Zimmer |
| *Genitive* | welcher Teller | welcher Tüten | welcher Zimmer |
| *Dative* | welchen Tellern | welchen Tüten | welchen Zimmern |

Examples

| *Masculine singular* | | *Masculine plural* |
|---|---|---|
| *N.* | Welcher Teller ist kaputt? | Welche Teller sind kaputt? |
| *A.* | Welchen Teller willst du malen? | Welche Teller willst du malen? |
| *D.* | Auf welchem Teller waren die Äpfel? | Auf welchen Tellern waren die Äpfel? |

| *Feminine singular* | | *Feminine plural* |
|---|---|---|
| *N.* | Welche Tüte war zu groß? | Welche Tüten waren zu groß? |
| *A.* | Welche Tüte wollte sie haben? | Welche Tüten wollte sie haben? |
| *D.* | In welcher Tüte sind die Birnen? | In welchen Tüten sind die Birnen? |

| *Neuter singular* | | *Neuter plural* |
|---|---|---|
| *N.* | Welches Zimmer ist das? | Welche Zimmer sind das? |
| *A.* | Er will welches Zimmer sehen? | Er will welche Zimmer sehen? |
| *D.* | In welchem Zimmer ist er? | In welchen Zimmern sind sie? |

N.B. The genitive form is rarely used.

*Possessive adjective*

*Singular*

| | *Masculine* | *Feminine* | *Neuter* |
|---|---|---|---|
| *Nominative* | sein Bruder | seine Schwester | sein Boot |
| *Accusative* | seinen Bruder | seine Schwester | sein Boot |
| *Genitive* | seines Bruders | seiner Schwester | seines Boots |
| *Dative* | seinem Bruder | seiner Schwester | seinem Boot |

*Plural*

| | *Masculine* | *Feminine* | *Neuter* |
|---|---|---|---|
| *Nominative* | seine Brüder | seine Schwestern | seine Boote |
| *Accusative* | seine Brüder | seine Schwestern | seine Boote |
| *Genitive* | seiner Brüder | seiner Schwestern | seiner Boote |
| *Dative* | seinen Brüdern | seinen Schwestern | seinen Booten |

Examples

*Masculine singular*

*N.* Sein Bruder ist klein.
*A.* Er braucht seinen Bruder.
*G.* Das ist das Haus seines Bruders.
*D.* Er spielt mit seinem Bruder.

*Masculine plural*

Seine Brüder sind klein.
Er braucht seine Brüder.
Die Häuser seiner Brüder sind älte
Er spielt mit seinen Brüdern.

*Feminine singular*

*N.* Seine Schwester ist jung.
*A.* Er schlägt seine Schwester.
*G.* Das ist das Geld seiner Schwester.
*D.* Er spielt mit seiner Schwester.

*Feminine plural*

Seine Schwestern sind jung.
Er schlägt seine Schwestern.
Das ist das Geld seiner Schwester
Er spielt mit seinen Schwestern.

*Neuter singular*

*N.* Sein Boot ist kaputt.
*A.* Er malt sein Boot.
*G.* Das ist das Segel seines Boots.
*D.* Er sitzt in seinem Boot.

*Neuter plural*

Seine Boote sind kaputt.
Er malt seine Boote.
Das sind die Segel seiner Boote.
Sie sitzen in seinen Booten.

N.B. **mein, dein, Ihr, ihr, euer, unser** are declined in the same way.

## *Adjectives*

(a) Adjectives used after a verb are not declined.

Examples. Der Apfel ist teuer.
Die Blume ist schön.
Das Fahrrad ist kaputt.

(b) Adjectives preceded by the indefinite article, **kein** or a possessive adjective.

*Singular*

| | *Masculine* | *Feminine* | *Neuter* |
|---|---|---|---|
| *Nominative* | sein alter Wagen | seine alte Frau | sein altes Haus |
| *Accusative* | seinen alten Wagen | seine alte Frau | sein altes Haus |
| *Genitive* | seines alten Wagens | seiner alten Frau | seines alten Hauses |
| *Dative* | seinem alten Wagen | seiner alten Frau | seinem alten Haus |

*Plural*

| | *Masculine* | *Feminine* | *Neuter* |
|---|---|---|---|
| *Nominative* | seine alten Wagen | seine alten Frauen | seine alten Häuser |
| *Accusative* | seine alten Wagen | seine alten Frauen | seine alten Häuser |
| *Genitive* | seiner alten Wagen | seiner alten Frauen | seines alten Häuser |
| *Dative* | seinen alten Wagen | seinen alten Frauen | seinen alten Häusern |

Examples

*Masculine singular*
*N.* Sein alter Wagen ist gut.
*A.* Er fährt seinen alten Wagen.
*G.* Das ist die Nummer seines alten Wagens.
*D.* Er fährt mit seinem alten Wagen.

*Masculine plural*
Seine alten Wagen sind gut.
Er fährt seine alten Wagen.
Das sind die Nummern seiner alten Wagen.
Er fährt mit seinen alten Wagen.

*Feminine singular*
*N.* Seine alte Frau ist krank.
*A.* Er besucht seine alte Frau.
*G.* Er malt die Katzen seiner alten Frau.
*D.* Er tanzt mit seiner alten Frau.

*Feminine plural*
Seine alten Frauen lachen immer.
Er besucht seine alten Frauen.
Er malt die Katzen seiner alten Frauen.
Er tanzt mit seinen alten Frauen.

*Neuter singular*
*N.* Sein altes Haus ist kleiner.
*A.* Er kaufte sein neues Haus.
*G.* Das Dach seines alten Hauses war kaputt.
*D.* Sie wohnen in seinem alten Haus.

*Neuter plural*
Seine alten Häuser waren kleiner.
Er kaufte seine neuen Häuser.
Die Dächer seiner alten Häuser waren kaputt.
Sie wohnen in seinen alten Häusern.

(c) Adjectives preceded by the definite article, demonstrative adjectives or the interrogative adjective.

*Singular*

| | *Masculine* | *Feminine* | *Neuter* |
|---|---|---|---|
| *Nominative* | der neue Briefträger | die neue Schule | das neue Hotel |
| *Accusative* | den neuen Briefträger | die neue Schule | das neue Hotel |
| *Genitive* | des neuen Briefträgers | der neuen Schule | des neuen Hotels |
| *Dative* | dem neuen Briefträger | der neuen Schule | dem neuen Hotel |

*Plural*

| | *Masculine* | *Feminine* | *Neuter* |
|---|---|---|---|
| *Nominative* | die neuen Briefträger | die neuen Schulen | die neuen Hotels |
| *Accusative* | die neuen Briefträger | die neuen Schulen | die neuen Hotels |
| *Genitive* | der neuen Briefträger | der neuen Schulen | der neuen Hotels |
| *Dative* | den neuen Briefträgern | den neuen Schulen | den neuen Hotels |

Examples

| | *Masculine singular* | *Masculine plural* |
|---|---|---|
| *N.* | Der neue Briefträger kommt später. | Die neuen Briefträger kommen später. |
| *A.* | Er fragt den neuen Briefträger. | Er fragt die neuen Briefträger. |
| *G.* | Das ist die Mütze des neuen Briefträgers. | Das sind die Mützen der neuen Briefträger. |
| *D.* | Er spricht von dem neuen Briefträger. | Er spricht von den neuen Briefträgern. |

| | *Feminine singular* | *Feminine plural* |
|---|---|---|
| *N.* | Die neue Schule ist kleiner. | Die neuen Schulen sind kleiner. |
| *A.* | Er baut die neue Schule. | Er baut die neuen Schulen. |
| *G.* | Er ist der Direktor der neuen Schule. | Das sind die Direktoren der neuen Schulen. |
| *D.* | Er arbeitet in der neuen Schule. | Sie arbeiten in den neuen Schulen. |

| | *Neuter singular* | *Neuter plural* |
|---|---|---|
| *N.* | Das neue Hotel ist teuer. | Die neuen Hotels sind teuer. |
| *A.* | Er baute das neue Hotel. | Er baute die neuen Hotels. |
| *G.* | Er ist der Architekt des neuen Hotels. | Er ist der Architekt der neuen Hotels. |
| *D.* | Sie parkt vor dem neuen Hotel. | Sie parken vor den neuen Hotels. |

(d) Adjectives used on their own before a noun.

*Singular*

| | *Masculine* | *Feminine* | *Neuter* |
|---|---|---|---|
| *Nominative* | deutscher Wein | grüne Tinte | billiges Fleisch |
| *Accusative* | deutschen Wein | grüne Tinte | billiges Fleisch |
| *Genitive* | deutschen Weins | grüner Tinte | billigen Fleisches |
| *Dative* | deutschem Wein | grüner Tinte | billigem Fleisch |

*Plural*

| | *Masculine* | *Feminine* | *Neuter* |
|---|---|---|---|
| *Nominative* | deutsche Weinsorten | grüne Tintensorten | billige Fleischsorten |
| *Accusative* | deutsche Weinsorten | grüne Tintensorten | billige Fleischsorten |
| *Genitive* | deutscher Weinsorten | grüner Tintensorten | billiger Fleischsorten |
| *Dative* | deutschen Weinsorten | grünen Tintensorten | billigen Fleischsorten |

Examples

| *Masculine singular* | | *Masculine plural* |
|---|---|---|
| *N.* | Deutscher Wein ist billiger. | Deutsche Weinsorten sind billiger. |
| *A.* | Er trinkt nur deutschen Wein. | Er trinkt nur deutsche Weinsorten. |
| *G.* | Ein Glas deutschen Weins ist billiger. | Er kauft eine Mischung deutscher Weinsorten. |
| *D.* | Er macht es aus deutschem Wein. | Er macht es aus deutschen Weinsorten. |

| *Feminine singular* | | *Feminine plural* |
|---|---|---|
| *N.* | Grüne Tinte ist besser. | Grüne Tintensorten sind besser. |
| *A.* | Er braucht nur grüne Tinte. | Er braucht nur grüne Tintensorten. |
| *G.* | Er braucht eine Flasche grüner Tinte. | Er braucht eine Menge grüner Tintensorten. |
| *D.* | Er schreibt mit grüner Tinte. | Er schreibt mit grünen Tintensorten. |

| *Neuter singular* | | *Neuter plural* |
|---|---|---|
| *N.* | Billiges Fleisch ist oft besser. | Billige Fleischsorten sind oft besser. |
| *A.* | Sie kauft billiges Fleisch. | Sie kauft billige Fleischsorten. |
| *G.* | Sie braucht ein Kilo billigen Fleisches. | Sie braucht ein Kilo billiger Fleischsorten. |
| *D.* | Sie kocht mit billigem Fleisch. | Sie kocht mit billigen Fleischsorten. |

(e) *Adjective comparison*

(i) To form the comparative add –er to the positive form.
(ii) To form the superlative add –st or –est to the comparative form.
(iii) Adjectives whose positive form is of one syllable usually have an **Umlaut** in the comparative and superlative forms.
(iv) The comparative and superlative forms are declined in the same way as the positive form.

Examples

| | *Positive* | *Comparative* | *Superlative* |
|---|---|---|---|
| *(i) Regular* | | | |
| | alt | älter | der, die, das älteste/am ältesten |
| | stark | stärker | der, die, das stärkste/am stärksten |
| | rauh | rauher | der, die, das rauhste/am rauhsten |
| *(ii) Irregular* | viel | mehr | der, die, das meiste/am meisten |
| | gut | besser | der, die, das beste/am besten |
| | hoch | höher | der, die, das höchste/am höchsten |
| | teuer | teurer | der, die, das teuerste/am teuersten |
| | groß | größer | der, die, das größte/am größten |

Peter ist schon alt, aber Franz ist älter, und Ludwig ist der älteste/am ältesten.

Karin ist sehr gut, aber Maria ist besser, und Helga ist die beste/am besten.

Unser Haus ist schön, aber sein Haus ist schöner, und das Haus von seinen Eltern ist das schönste/am schönsten.

### *Comparative declension*

*Masculine . Feminine . Neuter . Singular*

*N.* Der ältere Sohn/Die jüngere Tochter/Das kleinere Kind schläft.
*A.* Er besucht den älteren Sohn/die jüngere Tochter/das kleinere Kind.
*G.* Er holt die Kleider des älteren Sohns/der jüngeren Tochter/des kleineren Kinds.
*D.* Er spielt mit dem älteren Sohn/der jüngeren Tochter/dem kleineren Kind.

*Masculine . Feminine . Neuter . Plural*

*N.* Die älteren Söhne/Die jüngeren Töchter/Die kleineren Kinder schlafen.
*A.* Er besucht die älteren Söhne/die jüngeren Töchter/die kleineren Kinder.
*G.* Er holt die Kleider der älteren Söhne/der jüngeren Töchter/der kleineren Kinder.
*D.* Er spielt mit den älteren Söhnen/den jüngeren Töchtern/den kleineren Kindern.

### *Superlative declension*

| | *Masculine singular* | *Masculine plural* |
|---|---|---|
| *N.* | Der längste Tag ist der 22. Juni. | Die längsten Tage sind im Juni. |
| *A.* | Er verbringt den längsten Tag auf dem Lande. | Er verbringt die längsten Tage auf dem Lande. |
| *G.* | Das Ende des längsten Tages war schön. | Das Ende der längsten Tage war schön. |
| *D.* | Er kam an dem längsten Tag. | Er spricht von den längsten Tagen. |

| | *Feminine singular* | *Feminine plural* |
|---|---|---|
| *N.* | Die schönste Frau kam auch. | Die schönsten Frauen kamen auch. |
| *A.* | Er malte die schönste Frau. | Er malte die schönsten Frauen. |
| *G.* | Er war der Sohn der schönsten Frau. | Sie waren die Söhne der schönsten Frauen. |
| *D.* | Er tanzt mit der schönsten Frau. | Er tanzt mit den schönsten Frauen. |

| | *Neuter singular* | *Neuter plural* |
|---|---|---|
| *N.* | Das größte Haus ist zu teuer. | Die größten Häuser sind zu teuer. |
| *A.* | Er kaufte das größte Haus nicht. | Er kaufte die größten Häuser nicht. |
| *G.* | Er wußte den Preis des größten Hauses. | Er wußte den Preis der größten Häuser. |
| *D.* | Er wollte in dem größten Haus wohnen. | Sie wollten in den größten Häusern wohnen. |

### *Pronouns*

(a) *Personal*

*Singular*

| | | | | | | |
|---|---|---|---|---|---|---|
| *Nominative* | ich | du | er | sie | es | Sie |
| *Accusative* | mich | dich | ihn | sie | es | Sie |
| *Dative* | mir | dir | ihm | ihr | ihm | Ihnen |

*Plural*

| | | | | |
|---|---|---|---|---|
| *Nominative* | wir | ihr | sie | Sie |
| *Accusative* | uns | euch | sie | Sie |
| *Dative* | uns | euch | ihnen | Ihnen |

Examples

*Singular*

| | | |
|---|---|---|
| *N.* | Ich bin Lehrer. | Er ist sehr jung. |
| *A.* | Peter holt mich mit dem Auto ab. | Eine Frau kaufte ihn. |
| *D.* | Der Hund folgt mir zur Schule. | Wer geht mit ihm? |

*Plural*

| | | |
|---|---|---|
| *N.* | Wir wohnen in Bielefeld. | Wohnt ihr in Bonn? |
| *A.* | Er sieht uns jeden Tag. | Er sieht euch nie. |
| *D.* | Er gibt uns immer Blumen. | Was gibt er euch? |

(b) *Interrogative*

| | |
|---|---|
| *Nominative* | wer/was |
| *Accusative* | wen/was |
| *Genitive* | wessen |
| *Dative* | wem |

Examples

| | |
|---|---|
| *Nominative* | Wer/was sitzt dort? |
| *Accusative* | Er sieht wen/was im Garten? |
| *Genitive* | Wessen Bleistift ist das? |
| *Dative* | Mit wem geht er nach Hause? |

(c) *Relative*

*Singular*

| | *Masculine* | *Feminine* | *Neuter* |
|---|---|---|---|
| *Nominative* | der | die | das |
| *Accusative* | den | die | das |
| *Genitive* | dessen | deren | dessen |
| *Dative* | dem | der | dem |

*Plural*

| | *Masculine . Feminine . Neuter* |
|---|---|
| *Nominative* | die |
| *Accusative* | die |
| *Genitive* | deren |
| *Dative* | denen |

Examples

*Masculine singular*

*N.* Das ist der Mann, der in Brunnheim arbeitet.
*A.* Das ist der Mann, den er sehen wollte.
*G.* Das ist der Mann, dessen Jacke dort liegt.
*D.* Das ist der Mann, mit dem Peter Golf spielt.

*Feminine singular*

*N.* Das ist die Frau, die so schön singt.
*A.* Das ist die Frau, die er heiraten will.
*G.* Das ist die Frau, deren Bruder Zwillinge hat.
*D.* Das ist die Frau, mit der meine Mutter Karten spielt.

*Neuter singular*

*N.* Das ist das Kind, das morgen kommt.
*A.* Das ist das Kind, das ich unterrichten muß.
*G.* Das ist das Kind, dessen Vater im Krankenhaus liegt.
*D.* Das ist das Kind, mit dem Hans gern spielt.

*Masculine . Feminine . Neuter . plural*

*N.* Die Männer/Frauen/Kinder, die heute kommen, sind freundlicher.
*A.* Die Männer/Frauen/Kinder, die er bedienen muß, sind höflich.
*G.* Die Männer/Frauen/Kinder, deren Kleider hier liegen, schwimmen.
*D.* Die Männer/Frauen/Kinder, mit denen wir sprechen, kommen aus Spanien.

## *Prepositions*

(a) *aus, bei, mit, nach, seit, von* and *zu* are used only with the dative.

Examples

Er trinkt aus der/einer Flasche.
Er arbeitet bei der/einer Bank.
Er kam mit der/einer Vase.
Sie langt nach dem/einem Brötchen.
Sie wohnt dort seit einem Jahr.
Der Vater von dem/einem Schüler wartet draußen.
Er fährt zu der/einer Buchhandlung.

(b) *an, in, unter, über, auf, hinter* and *vor* are used either with the accusative or dative.

Examples

Er hängt das Bild an die/eine Wand.
Es hängt jetzt an der/einer Wand.
Sie steigt in den/einen Bus.
Sie sitzt jetzt in dem/einem Bus.
Es rollt unter das/ein Sofa.
Es liegt jetzt unter dem/einem Sofa.
Die Katze sprang über das/ein Bett.
Die Lampe hängt über dem/einem Bett.
Sie setzt den Kessel auf den/einen Herd.
Der Kessel steht jetzt auf dem/einem Herd.
Das Schaf läuft hinter die/eine Mauer.
Es liegt jetzt hinter der/einer Mauer.
Er fährt den Wagen vor das/ein Haus.
Jetzt steht der Wagen vor dem/einem Haus.

(c) *für* and *durch* are used only with the accusative.

Examples

Er kauft eine Mappe für den/einen Lehrer.
Die Schreibmaschine ist für die/eine Sekretärin.
Er braucht einen Tisch für das/ein Büro.
Die Straßenbahn fährt durch die/eine Stadt.
Sie spazieren durch den/einen Wald.
Er lief durch das/ein Haus.

## *Verbs*

| | | *Present tense* | *Imperfect tense* |
|---|---|---|---|
| (a) *Weak:* | kaufen | ich kaufe | ich kaufte |
| | | du kaufst | du kauftest |
| | | er, sie, es kauft | er, sie, es kaufte |
| | | wir kaufen | wir kauften |
| | | ihr kauft | ihr kauftet |
| | | Sie kaufen | Sie kauften |
| | | sie kaufen | sie kauften |
| (b) *Strong:* | tragen | ich trage | ich trug |
| | | du trägst | du trugst |
| | | er, sie, es trägt | er, sie, es trug |
| | | wir tragen | wir trugen |
| | | ihr tragt | ihr trugt |
| | | Sie tragen | Sie trugen |
| | | sie tragen | sie trugen |

(c) *Auxiliary: haben, sein, werden*

| | | | |
|---|---|---|---|
| *Present tense* | ich habe | ich bin | ich werde |
| | du hast | du bist | du wirst |
| | er, sie, es hat | er, sie, es ist | er, sie, es wird |
| | wir haben | wir sind | wir werden |
| | ihr habt | ihr seid | ihr werdet |
| | Sie haben | Sie sind | Sie werden |
| | sie haben | sie sind | sie werden |
| *Imperfect tense* | ich hatte | ich war | ich wurde |
| | du hattest | du warst | du wurdest |
| | er, sie, es hatte | er, sie, es war | er, sie, es wurde |
| | wir hatten | wir waren | wir wurden |
| | ihr hattet | ihr wart | ihr wurdet |
| | Sie hatten | Sie waren | Sie wurden |
| | sie hatten | sie waren | sie wurden |

(d) *Modal: müssen, wollen, dürfen, können, sollen, mögen.*

*Present tense*

| | | | | | |
|---|---|---|---|---|---|
| ich muß | ich will | ich darf | ich kann | ich soll | ich mag |
| du-mußt | du willst | du darfst | du kannst | du sollst | du magst |
| er, sie, es muß | er, sie, es will | er, sie, es darf | er, sie, es kann | er, sie, es soll | er, sie, es ma |
| wir müssen | wir wollen | wir dürfen | wir können | wir sollen | wir mögen |
| ihr müßt | ihr wollt | ihr dürft | ihr könnt | ihr sollt | ihr mögt |
| Sie müssen | Sie wollen | Sie dürfen | Sie können | Sie sollen | Sie mögen |
| sie müssen | sie wollen | sie dürfen | sie können | sie sollen | sie mögen |

*Imperfect tense*

| | | | | | |
|---|---|---|---|---|---|
| ich mußte | ich wollte | ich durfte | ich konnte | ich sollte | ich mochte |
| du mußtest | du wolltest | du durftest | du konntest | du solltest | du mochtest |
| er, sie, es mußte | er, sie, es wollte | er, sie, es durfte | er, sie, es konnte | er, sie, es sollte | er, sie, es mo |
| wir mußten | wir wollten | wir durften | wir konnten | wir sollten | wir mochten |
| ihr mußtet | ihr wolltet | ihr durftet | ihr konntet | ihr solltet | ihr mochtet |
| Sie mußten | Sie wollten | Sie durften | Sie konnten | Sie sollten | Sie mochten |
| sie mußten | sie wollten | sie durften | sie konnten | sie sollten | sie mochten |

(e) *Separable:* anfangen

*Present tense*

ich fange um 9 Uhr an.
du fängst um 9 Uhr an.
er, sie, es fängt um 9 Uhr an.
wir fangen um 9 Uhr an.
ihr fangt um 9 Uhr an.
Sie fangen um 9 Uhr an.
sie fangen um 9 Uhr an.

*Imperfect tense*

ich fing um 9 Uhr an.
du fingst um 9 Uhr an.
er, sie, es fing um 9 Uhr an.
wir fingen um 9 Uhr an.
ihr fingt um 9 Uhr an.
Sie fingen um 9 Uhr an.
sie fingen um 9 Uhr an.

(f) *Reflexive:* sich interessieren

*Present tense*

ich interessiere mich
du interessierst dich
er, sie, es interessiert sich
wir interessieren uns
ihr interessiert euch
Sie interessieren sich
sie interessieren sich

*Imperfect tense*

ich interessierte mich
du interessiertest dich
er, sie, es interessierte sich
wir interessierten uns
ihr interessiertet euch
Sie interessierten sich
sie interessierten sich

## *Strong verbs*

| *Infinitive* | *3rd person sing. pres.* | *3rd person sing. impf.* |
|---|---|---|
| abbiegen | biegt ab | bog ab |
| anfangen | fängt an | fing an |
| sich anziehen | zieht sich an | zog sich an |
| bleiben | bleibt | blieb |
| braten | brät | briet |
| bringen | bringt | brachte |
| sich entscheiden | entscheidet sich | entschied sich |

| | | |
|---|---|---|
| fahren[1] | fährt | fuhr |
| fallen[2] | fällt | fiel |
| finden | findet | fand |
| fliegen | fliegt | flog |
| fressen[3] | frißt | fraß |
| frieren | friert | fror |
| geben | gibt | gab |
| gehen | geht | ging |
| gießen[4] | gießt | goß |
| graben[5] | gräbt | grub |
| halten[6] | hält | hielt |
| hängen | hängt | hing |
| heißen | heißt | hieß |
| kennen | kennt | kannte |
| kommen[7] | kommt | kam |
| kriechen | kriecht | kroch |
| lassen[8] | läßt | ließ |
| laufen | läuft | lief |
| lesen | liest | las |
| liegen | liegt | lag |
| messen | mißt | maß |
| nehmen | nimmt | nahm |
| riechen | riecht | roch |
| rufen | ruft | rief |
| scheinen | scheint | schien |
| schlafen | schläft | schlief |
| schlagen | schlägt | schlug |
| schneiden | schneidet | schnitt |
| schreiben | schreibt | schrieb |
| schwimmen | schwimmt | schwamm |
| sehen[9] | sieht | sah |
| singen | singt | sang |
| sitzen | sitzt | saß |
| sprechen | spricht | sprach |
| springen | springt | sprang |
| stehen[10] | steht | stand |
| steigen[11] | steigt | stieg |
| sterben | stirbt | starb |
| tragen | trägt | trug |
| treffen | trifft | traf |
| treiben | treibt | trieb |
| treten | tritt | trat |
| verlieren | verliert | verlor |
| wachsen | wächst | wuchs |
| waschen[12] | wäscht | wusch |
| werfen | wirft | warf |

*Notes.* 1. as *abfahren* 2. as *abfallen* 3. as *essen* 4. as *begießen*
5. as *ausgraben, begraben* 6. as *enthalten, festhalten, unterhalten*
7. as *ankommen, bekommen* 8. as *verlassen* 9. as *fernsehen*
10. as *aufstehen* 11. as *aussteigen, einsteigen* 12. as *abwaschen*

# *Vocabulary*

abbiegen, *to turn*
abdanken, *to abdicate*
Abend, der (–e), *evening*
Abendbrot, das (–e), *evening meal, supper*
Abendessen, das (–), *evening meal, supper*
abends, *in the evening*
aber, *but*
abfahren, *to start, to move off*
Abfall, der (–̈ e), *waste, refuse*
Abfalleimer, der (–), *refuse bin*
abfallen, *to fall off*
sich abtrocknen, *to dry oneself*
abwaschen, *to wash up*
acht, *eight*
achtzehn, *eighteen*
achtzig, *eighty*
Afrika, das, *Africa*
Alkohol, der (–e), *alcohol*
Allee, die (–n), *avenue*
allein, *alone*
alles, *everything*
alles Gute! *all the best!*
allerlei, *all sorts of*
allmählich, *gradually*
also, *so, thus*
alt, *old*
Alter, das (–), *age*
altmodisch, *old-fashioned*
Amerikaner, der (–), *American*
an, *at, on*
andere, *other, different*
anfangen, *to begin*
Angelhaken, der (–), *fish-hook*
angeln, *to fish*
Angelrute, die (–n), *fishing rod*
ankommen, *to arrive*
Anlage, die (–n), *installation*
anpflanzen, *to plant*
anprobieren, *to try on*
anschließend, *finally*
anstellen, *to switch on*
Antenne, die (–n), *aerial*
Antwort, die (–en), *answer*
sich anziehen, *to dress, to put on*
Anzug, der (–̈ e), *suit*
anzünden, *to light*
Apfel, der (–̈), *apple*
Apfelkuchen, der (–), *apple-tart*
Apfelsaft, der (–̈e), *apple-juice*
Apotheke, die (–n), *chemist's shop*
Apotheker, der (–), *chemist*
April, der (–), *April*
arbeiten, *to work*
Arbeiter, der (–), *workman*
Arbeitszimmer, das (–), *study*
ärgerlich, *angry*
sich ärgern, *to be angry*
Arm, der (–e), *arm*
Armband, das (–̈er), *bracelet*
Armee, die (–n), *army*
Arzt, der (–̈e), *doctor*
Aschenbecher, der (–), *ash-tray*
atmen, *to breathe*
auch, *also, too*
auf, *on*
aufbewahren, *to store, to keep*
auf einmal, *suddenly*
aufhören, *to stop*
aufräumen, *to tidy up*
aufsetzen, *to put on*
aufstehen, *to get up*
Auge, das (–n), *eye*
August, der, *August*
aus, *from, out of*
ausgraben, *to dig up*
Ausland, das, *abroad*
ausländisch, *foreign*
auspacken, *to unpack*
aussteigen, *to get out*
außer, *except*
Auto, das (–s), *car*
Autofahren, das, *car-driving*
Autofahrer, der (–), *car driver*
Autor, der (–en), *author*

Bäcker, der (–), *baker*
Bäckerei, die (–en), *bakery*
Badehose, die (–n), *swimming-trunks*
Bademantel, der (–̈), *bathing-wrap*
Badewanne, die (–n), *bath*
Badezimmer, das (–), *bathroom*
Bahnhof, der (–̈e), *railway station*
Bahnübergang, der (–̈e), *railway crossing*
Ball, der (–̈e), *ball*
bald, *soon*
Banane, die (–n), *banana*
Bank, die (–en), *bank*
Bank, die (–̈e), *bench, seat*
Barometer, das *or* der (–) *barometer*
Bauer, der (–n), *farmer*
Baum, der (–̈e), *tree*
Baumstamm, der (–̈e), *tree-trunk*
beantworten, *to answer*
Becher, der (–), *beaker*
bedienen, *to serve*
begießen, *to water*
begraben, *to bury*
Behälter, der (–), *container*
bei, *at, with, on*
beide, *both*
Bein, das (–e), *leg*
Beispiel, das (–e), *example*
Bekannte, der (–n), *acquaintance*
bekommen, *to receive*
benutzen, *to use*
Benzin, das, *petrol*
Benzintank, der (–s), *petrol tank*
bereiten, *to prepare*
Beruf, der (–e), *occupation*
beschäftigen, *to employ*
sich beschäftigen, *to be busy with*
besonders, *especially*
Besserung, die (–en), *recovery*
  gute Besserung! *get well soon!*
Besteck, das (–e), *cutlery*
bestellen, *to order*
besuchen, *to attend, to visit*
beten, *to pray*
betrunken, *drunk*
Bett, das (–en), *bed*
bevor, *before*
bewölkt, *cloudy*
Bezug, der (–̈e), *relation*
  in Bezug auf, *in relation to*
Bier, das (–e), *beer*
Bikini, der (–s), *bikini*
Bild, das (–er), *picture, photograph*
billig, *cheap*
Birnbaum, der (–̈e), *pear tree*
Birne, die (–n), *pear, electric bulb*
ein bißchen, *a little*
Blatt, das (–̈er), *leaf*
blau, *blue*
bleiben, *to stay, to remain*
Bleistift, der (–e), *pencil*
blond, *blond*
blühen, *to blossom*
Blume, die (–n), *flower*
Blumenbeet, das (–e), *flower-bed*
Blumenstrauß, der (–̈e), *bunch of flowers*
Blumentopf, der (–̈e), *flower pot*
Bluse, die (–n), *blouse*
Boden, der (–̈), *floor, attic*
Bohne, die (–n), *bean*
bohren, *to bore*
Bohrer, der (–), *drill*
Boot, das (–e), *boat*
böse, *angry*
botanisch, *botanical*
braten, *to fry*
brauchen, *to need, to use*
braun, *brown*
Brett, das (–er), *shelf*
breit, *broad*
Brief, der (–e), *letter*
Briefmarke, die (–n), *stamp*
Briefpapier, das (–e), *writing paper*
Briefträger, der (–), *postman*
Brille, die (–n), *glasses*
bringen, *to bring*
Brot, das (–e), *bread, loaf*
Brötchen, das (–), *roll*
Brotkasten, der (–̈), *bread bin*
Brotkorb, der (–̈e), *bread basket*
Brücke, die (–n), *bridge*

Bruder, der (–̈), *brother*
Buch, das (–̈er), *book*
Bücherschrank, der (–̈e), *book-case*
Buchhandlung, die (–en), *book shop*
Buchstabe, der (–n), *letter*
Büro, das (–s), *office*
Bürste, die (–n), *brush*
sich bürsten, *to brush oneself*
Bus, der (–se), *bus*
Butter, die, *butter*
Butterdose, die (–n), *butter dish*

Café, das (–s), *café*
Chemie, die, *chemistry*
Champignon, der (–s), *mushroom*

Dach, das (–̈er), *roof*
Dachboden, der (–̈), *attic, loft*
damals, *then, at that time*
danach, *afterwards*
danken, *to thank*
darauf, *on it*
darüber, *over it, above it*
das, *the, that*
davor, *in front of it*
dauern, *to last*
Deckel, der (–), *lid*
decken, *to cover*
dein, *your*
der, *the*
deshalb, *therefore, consequently*
deswegen, *therefore, consequently*
deutsch, *German*
Deutsche, der (–n), *German*
Deutschland, das, *Germany*
Dezember, der, *December*
dich, *you*
dick, *fat, thick*
die, *the*
dienen, *to serve*
Dienstag, der (–e), *Tuesday*
dienstags, *on Tuesdays*
diktieren, *to dictate*
direkt, *straight*
doch, *used to emphasize a verb, e.g.* er kann *doch* schwimmen, he *can* swim
Donnerstag, der (–e), *Thursday*
donnerstags, *on Thursdays*
Dorf, das (–̈er), *village*
Dose, die (–n), *tin*
draußen, *outside*
drei, *three*
Dreieck, das (–e), *triangle*
dreieckig, *triangular*
dreizehn, *thirteen*
dreißig, *thirty*
du, *you*
dunkel, *dark*
dunkelgrün, *dark green*
dünn, *thin*
dürfen, *to be allowed to*
Durst, der, *thirst*
durstig, *thirsty*

Ecke, die (–n), *corner*
eckig, *cornered*
Ei, das (–er), *egg*
Eichhörnchen, das (–), *squirrel*
Eierbecher, der (–), *egg-cup*
Eimer, der (–), *bucket*
der eine .... der andere, *one .... the other*
ein(e), *a*
einer, eine, eins, *one*
einfach, *simple*
einige, *some*
Einkauf, der (–̈e), *purchase*
einkaufen, *to shop*
Einkaufsnetz, das (–e), *shopping-net*
einsteigen, *to get in*
elektrisch, *electric*
elf, *eleven*
Eltern, die, pl., *parents*
endlich, *at last*
eng, *narrow*
England, das, *England*
Engländer, der (–), *Englishman*

englisch, *English*
Enkel, der (–), *grandson*
Enkelin, die (–nen), *granddaughter*
entfernt, *distant*
enthalten, *to contain*
sich entscheiden, *to decide*
Entschuldigung, die (–en), *apology*
entweder .... oder, *either .... or*
er, *he*
Erdgeschoß, das (–sse), *ground floor*
Erdkunde, die, *geography*
Erfolg, der (–e), *success*
erfreut, *pleased*
erholen, *to recover, to relax*
ernten, *to harvest*
erreichen, *to reach*
erst, *only, first*
es, *it*
essen, *to eat*
zu Abend essen, *to have supper*
zu Mittag essen, *to have lunch*
Eßzimmer, das (–), *dining room*
euer, *your*
Exil, das (–e), *exile*
exportieren, *to export*

Fabrik, die (–en), *factory*
Fach, das (¨–er), *subject*
fahren, *to drive, to travel*
Fahrgast, der (¨–e), *passenger*
Fahrprüfung, die (–en), *driving test*
Fahrrad, das (¨–er), *bicycle*
Fahrt, die (–en), *journey*
Fahrzeug, das (–e), *vehicle*
fallen, *to fall*
falls, *in case*
Familie, die (–n), *family*
Farbe, die (–n), *colour*
Farbfernsehapparat, der (–e), *colour television set*
fast, *almost*
Februar, der, *February*
Feder, die (–n), *nib*
Feld, das (–er), *field*
Fellstiefel, der (–), *fur boot*
Fenster, das (–), *window*
Ferien, die pl., *holidays*
Fernsehapparat, der (–e), *television set*
fernsehen, *to watch television*
fertig, *ready*
sich fertig machen, *to get ready*
festhalten, *to hold tight*
Feuerzeug, das (–e), *cigarette lighter*
Figur, die (–en), *figure*
Film, der (–e), *film*
finden, *to find*
Firma, die (pl. Firmen), *firm*
Fisch, der (–e), *fish*
Flasche, die (–n), *bottle*
fleißig, *industrious*
Fleisch, das, *meat*
Fleischer, der (–), *butcher*
Fleischerei, die (–en), *butcher's shop*
fliegen, *to fly*
Flieger, der (–), *pilot*
Flugplatz, der (¨–e), *airport*
Flugzeug, das (–e), *aeroplane*
Flur, der (–e), *hall*
Fluß, der (¨–sse), *river*
folgen, *to follow*
fotografieren, *to photograph*
Frage, die (–n), *question*
Fragezeichen, das (–), *question mark*
Frankreich, das *France*
Franzose, der (–n), *Frenchman*
französisch, *French*
Frau, die (–en), *woman*
Fräulein, das (–), *young woman, Miss*
Freitag, der (–e), *Friday*
freitags, *on Fridays*
fressen, *to eat*
sich freuen, *to be pleased*
Freund, der (–e), *friend (male)*
Freundin, die (–nen), *friend (female)*
frieren, *to freeze*
frisch, *fresh*
früh, *early*
Frühling, der, *Spring*
Frühstück, das (–e), *breakfast*
frühstücken, *to have breakfast*
Fuchs, der (¨–e), *fox*

führen, *to lead*
Führerschein, der (–e), *driving licence*
füllen, *to fill*
Füllhalter, der (–), *fountain pen*
fünf, *five*
fünfzehn, *fifteen*
fünfzig, *fifty*
für, *for*
furchtbar, *terrible*
Fuß, der (–̈e), *foot*
zu Fuß gehen, *to go on foot, to walk*
Fußball, der (–̈e), *football*
Fußballplatz, der (–̈e), *football pitch*
Fußballschuh, der (–e), *football boot*
Fußboden, der (–̈), *floor*

Gabel, die (–n), *fork*
ganz, *quite, completely*
im ganzen, *on the whole*
Garage, die (–n), *garage*
Garten, der (–̈), *garden*
Gartengerät, das (–e), *garden tools*
Gasherd, der (–e), *gas cooker*
Gästezimmer, das (–), *guests' room*
Gaststätte, die (–n), *restaurant*
Gebäude, das (–), *building*
geben, *to give*
geboren, *born*
Geburtstag, der (–e), *birthday*
gegen, *about*
Gegenstand, der (–̈e), *object*
Gegenteil, das (–e), *opposite*
gegenüber, *opposite*
gehen, *to go, to walk*
gelb, *yellow*
Geld, das (–er), *money*
Geldschein, der (–e), *banknote*
gemischt, *mixed*
Gemüse, das, *vegetables*
Gemüsehändler, der (–), *greengrocer*
gemustert, *patterned*
genau, *exactly*
genug, *enough*
geometrisch, *geometrical*
Gepäck, das, *luggage*
Gepäckträger, der (–), *porter*
gepunktet, *spotted*
geradeaus, *straight ahead*
gern: ich esse/lese gern, *I like eating/reading*
Geschäft, das (–e), *business, shop*
Geschenk, das (–e), *gift, present*
Geschichte, die (–n), *history, story*
Geschirr, das, *crockery*
Geschwister, die, pl., *brothers and/or sisters*
Gesicht, das (–er), *face*
gestreift, *striped*
gesund, *healthy*
Getränk, das (–e), *drink*
Getreide, das, *corn*
Gewächshaus, das (–̈er), *greenhouse*
gewöhnlich, *usually*
gießen, *to pour*
Gießkanne, die (–n), *watering can*
Gitarre, die (–n), *guitar*
Glas, das (–̈er), *glass*
Glatteis, das, *ice*
gleichaltrig, *of the same age*
gleichzeitig, *simultaneously*
glücklich, *happy*
Golf, das, *golf*
Golfplatz, der (–̈e), *golf links*
graben, *to dig*
Gras, das (–̈er), *grass*
gratulieren, *to congratulate*
grau, *grey*
groß, *big*
Größe, die (–n), *size*
Großeltern, die, pl., *grandparents*
Großmutter, die (–̈), *grandmother*
Großvater, der (–̈), *grandfather*
grün, *green*
gut, *good*
Gute: alles Gute! *all the best!*
Gummistiefel, der (–), *wellington boots*
Gymnasium, das (pl. Gymnasien), *grammar school*

Haar, das (–e), *hair*
Haarbürste, die (–n), *hairbrush*
Haartrockner, der (–), *hair dryer*
haben, *to have*
Hähnchen, das (–), *chicken*
Haken, der (–), *hook*
halb, *half*
halten, *to hold, to stop*
Haltestelle, die (–n), *bus stop*
Hammer, der (–), *hammer*
hämmern, *to hammer*
Hand, die (–̈e), *hand*
Händler, der (–), *dealer*
Handschuh, der (–e), *glove*
Handtuch, das (–̈er), *towel*
hängen, *to hang*
hart, *hard*
häufig, *often*
Hauptinteresse, das (–n), *main interest*
hauptsächlich, *mainly*
Haus, das (–̈er), *house*
Hausarbeit, die (–en), *housework*
Haustier, das (–e), *domestic animal*
Haustür, die (–en), *front door*
Hauswirtschaft, die, *domestic science*
Hecke, die (–n), *hedge*
Heft, das (–e), *exercise book*
heilen, *to heal*
heiraten, *to marry*
heißen, *to be called*
Heizkörper, der (–), *radiator*
hell, *bright, light*
hellgrün, *light green*
Hemd, das (–en), *shirt*
Herbst, der, *Autumn*
Herd, der (–e), *cooker*
Herr, der (–en), *gentleman, Mr.*
herrlich, *splendid*
herrschen, *to rule*
herstellen, *to manufacture*
heute, *today*
hier, *here*
hinter, *behind*
Hintertür, die (–en), *back door*
hoch, *high*
höchstens, *at the most*
Hocker, der (–), *stool*
holen, *to fetch*
Holländer, der (–), *Dutchman*
Holz, das (–̈er), *wood*
hölzern, *wooden*
hören, *to hear*
Hose, die (–n), *trousers*
Hosenanzug, der (–̈e), *trouser suit*
Hotel, das (–s), *hotel*
Hufeisen, das (–), *horse shoe*
Huhn, das (–̈er), *hen*
Hund, der (–e), *dog*
hundert, *hundred*
hungrig, *hungry*
hüpfen, *to hop*
Hut, der (–̈e), *hat*

ich, *I*
Ihr(e), *your*
ihr(e), *their, her*
immer, *always*
in, *in*
Indien, das, *India*
Insel, die (–n), *island*
Instrument, das (–e), *instrument*
intelligent, *intelligent*
Interesse, das (–n), *interest*
sich interessieren für, *to be interested in*
interessant, *interesting*
inzwischen, *in the meantime*
Irland, das, *Ireland*
Italien, das, *Italy*
Italiener, der (–), *Italian*
italienisch, *Italian*

ja, *yes*
Jacke, die (–n), *jacket*
jagen, *to chase, to hunt*
Jahr, das (–e), *year*

Jahreszeit, die (–en), *season*
Januar, der, *January*
Jazz, der, *jazz*
jeder, *each, every*
jemand, *someone*
jetzig, *present*
jetzt, *now*
Juli, der, *July*
jung, *young*
Junge, der (–n), *boy*
Juni, der, *June*
Joghurt, der, *yoghurt*

Kaffee, der *coffee*
Kaffekanne, die (–n), *coffee pot*
Käfig, der (–e), *cage*
Käfigtür, die (–en), *cage door*
kalt, *cold*
Kälte, die, *cold*
Kamera, die (–s), *camera*
Kamin, der (–e), *fireplace*
Kamm, der (⸚e), *comb*
kämmen, *to comb*
sich kämmen, *to comb oneself*
kämpfen, *to fight*
Kaninchen, das (–), *rabbit*
Kantine, die (–n), *canteen*
Kapitel, das (–), *chapter*
kaputt, *broken, torn, damaged*
Karte, die (–n), *card, map*
Kartoffel, die (–n), *potato*
kariert, *checked*
Käse, der, *cheese*
Kasten, der (⸚), *box, case*
Katze, die (–n), *cat*
Kaiser, der (–), *emperor*
kauen, *to chew*
kaufen, *to buy*
Kaufhaus, das (⸚er), *department store*
kein(e), *no, none*
Keller, der (–), *cellar*
Kellnerin, die (–nen), *waitress*
kennen, *to know*
Kerze, die (–n), *candle*
Kessel, der (–), *kettle*
Kilometer, der *or* das (–), *kilometre*
Kind, das (–er), *child*
Kino, das (–s), *cinema*
Kirche, die (–n), *church*
Kissen, das (–), *cushion*
Klarinette, die (–n), *clarinet*
Klassenzimmer, das (–), *classroom*
klassisch, *classical*
Klavier, das (–e), *piano*
Klaviermusik, die, *piano music*
Kleid, das (–er), *dress*
Kleider, die, pl., *clothes*
Kleiderbürste, die (–n), *clothes brush*
Kleiderschrank, der (⸚e), *wardrobe*
Kleidungsstück, das (–e), *article of clothing*
klein, *small*
klettern, *to climb*
klingeln, *to ring*
Klinik, die (–en), *clinic*
klopfen, *to knock*
knien, *to kneel*
Kniestrumpf, der (⸚e), *stocking*
Knochen, der (–), *bone*
Koch, der (⸚e), *cook (male)*
kochen, *to cook*
Köchin, die (–nen), *cook (female)*
Koffer, der (–), *suitcase*
Kognac, der, *brandy*
Kollege, der (–n), *colleague*
Komma, das (–s *or* –ta), *comma*
kommen, *to come*
Kommode, die (–n), *chest of drawers*
komponieren, *to compose*
Komponist, der (–en), *composer*
König, der (–e), *king*
können, *to be able*
Kopf, der (⸚e), *head*
Kopfsalat, der (–e), *lettuce*
Kopftuch, das (⸚er), *head scarf*
Korb, der (⸚e), *basket*
Körper, der (–), *body*
Körperteil, der (–e), *part of the body*
kosten, *to cost*
krank, *ill*
Kranke, der (–n), *patient*

Krankenhaus, das (⸚er), *hospital*
Krankenschwester, die (–n), *nurse*
Krawatte, die (–n), *tie*
Kreis, der (–e), *circle*
Kreuzung, die (–en), *crossroads*
kriechen, *to crawl*
Kriminalroman, der (–e), *detective story*
Küche, die (–n), *kitchen*
Küchengerät, das (–e), *kitchen utensil*
Kugelschreiber, der (–), *ball point pen*
Kuh, die (⸚e), *cow*
kühl, *cool*
Kühlschrank, der (⸚e), *refrigerator*
Kunst, die (⸚e), *art*
Kurve, die (–n), *curve*
kurz, *short*
Kurzgeschichte, die (–n), *short story*
Kusine, die (–n), *cousin*

lachen, *to laugh*
Laden, der (⸚), *shop*
Ladentisch, der (–e), *counter*
Lamm, das (⸚er), *lamb*
Lampe, die (–n), *lamp*
Land, das (⸚er), *country*
Landkarte, die (–n), *map*
Landschaft, die (–en), *countryside*
lang, *long*
langen ... nach, *to reach for*
langsam, *slowly*
sich langweilen, *to be bored*
lassen, *to leave*
Lasso, der *or* das, *lasso*
Lastwagen, der (–), *lorry*
Lastwagenfahrer, der (–), *lorry driver*
Laterne, die (–n), *lamp*
laufen, *to run*
leben, *to live*
Lederhose, die (–n), *leather trousers*
leer, *empty*
legen, *to place*
sich legen, *to lie down*
Lehrer, der (–), *teacher (male)*
Lehrerzimmer, das (–), *staffroom*
Lehrerin, die (–nen), *teacher (female)*
leicht, *easy*
leider, *unfortunately*
Lenker, der (–), *handlebar*
lernen, *to learn*
lesen, *to read*
letzte, *last*
Leute, die, pl., *people*
Lieblingsinstrument, das (–e), *favourite instrument*
Lieblingskomponist, der (–en), *favourite composer*
Lieblingsmaler, der (–), *favourite painter*
liefern, *to deliver*
liegen, *to lie*
Liegestuhl, der (⸚e), *deck chair*
Limonade, die (–n), *lemonade*
Lineal, das (–e), *ruler*
Linie, die (–n), *line*
linke, *left*
links, *left*
Literatur, die (–en), *literature*
Löffel, der (–), *spoon*
Luft, die (⸚e), *air*
Luftmatraze, die (–n), *air-mattress*
Luftwaffe, die, *air-force*

machen, *to do, to make*
Mädchen, das (–), *girl*
mähen, *to cut grass*
Mai, der, *May*
Mahlzeit, die (–en), *meal*
Mal, das (–e), *time*
zum ersten Male, *for the first time*
malen, *to paint*
Maler, der (–), *painter*
Malerei, die (–en), *painting*
Malkasten, der (⸚), *paint-box*
man, *one*
manchmal, *sometimes*

Mann, der (⸚er), *man, husband*
Mantel, der (⸚), *coat*
Mappe, die (–n), *briefcase*
Marine, die (–n), *navy*
Mark, die, *mark*
Markt, der (⸚e), *market*
Marktplatz, der (⸚e), *market-place*
Marmelade, die (–n), *jam*
März, der, *March*
Mathematik, die, *mathematics*
Matrose, der (–n), *sailor*
Mauer, die (–n), *wall*
Maus, die (⸚e), *mouse*
Mechaniker, der (–), *mechanic*
Meer, das (–e), *sea*
Medikament, das (–e), *medicine*
Medizin, die (–en), *medicine*
mehr, *more*
mehrere, *several*
mein(e), *my*
meistens, *usually*
Menge, die (–n), *crowd*
Mensch, der (–en), *human being*
messen, *to measure*
Messer, das (–), *knife*
Metall, das (–e), *metal*
Metzger, der (–), *butcher*
Metzgerei, die (–en), *butcher's shop*
mich, *me*
Milch, die, *milk*
Milchkännchen, das (–), *jug*
mild, *mild*
mindestens, *at least*
Mine, die (–n), *refill (for ball point pen)*
Minute, die (–n), *minute*
mit, *with*
Mitschülerin, die (–nen), *fellow pupil (female)*
Mittagessen, das (–), *lunch*
Mittagspause, die (–n), *lunch hour*
Mitte, die (–n), *middle*
Mittelpunkt, der (–e), *centre*
Mittwoch, der, *Wednesday*
mittwochs, *on Wednesdays*
Möbel, die, pl., *furniture*
Möbelfabrikant, der (–en), *manufacturer*
Möbelstück, das (–e), *piece of furniture*
modern, *modern*
Mohrrübe, die (–n), *carrot*
Monat, der (–e), *month*
Montag, der (–e), *Monday*
montags, *on Mondays*
Morgen, der (–), *morning*
morgen, *tomorrow*
morgens, *in the morning*
Morgenrock, der (⸚e), *dressing gown*
Motorroller, der (–), *scooter*
müde, *tired*
Münze, die (–n), *coin*
Musik, die, *music*
müssen, *to have to*
Mutter, die (⸚), *mother*
Mütze, die (–n), *cap*

nach, *after*
Nachmittag, der (–e), *afternoon*
Nachname, der (–n), *surname*
Nachrichten, die, pl., *news*
nächst, *next*
Nacht, die (⸚e), *night*
Nachttisch, der (–e), *bedside table*
Nadel, die (–n), *needle*
Nagel, der (⸚), *nail*
Nähe: in der Nähe, *nearby*
nämlich, *namely*
naß, *wet*
natürlich, *of course, naturally*
neben, *near*
neblig, *misty*
Neffe, der (–n), *nephew*
nehmen, *to take*
nein, *no*
Nest, das (–er), *nest*
Netz, das (–e), *net*
neu, *new*
neugeboren, *new-born*
neun, *nine*
neunzehn, *nineteen*

neunzig, *ninety*
nicht, *not*
nichts, *nothing*
Nichte, die (–n), *niece*
nie, *never*
niedrig, *low*
niemals, *never*
noch, *see* sonst noch
normalerweise, *normally, usually*
November, der, *November*
null, *nil*
nur, *only*

oben, *upstairs*
Obst, das, *fruit*
Obstgarten, der (–̈), *orchard*
Obsttorte, die (–n), *fruit-pie*
oder, *or*
Ofen, der (–̈), *stove*
oft, *often*
offen, *open*
öffnen, *to open*
Ohr, das (–en), *ear*
Ohrenschützer, die, pl., *ear muffs*
Oktober, der, *October*
Onkel, der (–), *uncle*
Opernführer, der (–), *opera guide*
Osterferien, die, pl., *Easter holidays*

Päckchen, das (–), *package*
Paket, das (–e), *parcel*
Papier, das (–e), *paper*
Papierkorb, der (–̈e), *waste paper basket*
Park, der (–s), *park*
parken, *to park*
Parkplatz, der (–̈e), *car-park*
Passagier, der (–e), *passenger*
passieren, *to happen*
Pastor, der (–en), *priest*
Pause, die (–n), *pause, break*
Pelzmantel, der (–̈), *fur coat*
Pfanne, die (–n), *pan*
Pfarrer, der (–), *priest*
Pfefferstreuer, der (–), *pepper-pot*
Pferd, das (–e), *horse*
Pfeife, die (–n), *pipe*
Pfingsten, das, *Whitsuntide*
Pflanze, die (–n), *plant*
pflücken, *to pluck*
Physik, die, *physics*
Pinsel, der (–), *paint brush*
Plan, der (–̈e), *plan*
Platte, die (–n), *dish*
Plattenspieler, der (–), *record player*
Politiker, der (–), *politician*
Polizeiwache, die (–n), *police station*
Polizist, der (–en), *policeman*
Pommes frites, die, pl., *chips*
Portemonnaie, das (–s), *purse*
Porträt, das (–e *or* –s), *portrait*
Portugiese, der (–n), *Portuguese*
Post, die, *post office, post*
Postkarte, die (–n), *postcard*
Praline, die (–n), *chocolate*
Preis, der (–e), *prize*
preiswert, *inexpensive*
Premierminister, der (–), *prime minister*
Prüfung, die (–en), *examination*
Pullover, der (–), *pullover*
Pult, das (–e), *desk*
Punkt, der (–e), *point*
pünktlich, *punctual*
sich die Zähne putzen, *to brush one's teeth*

Rad, das (–̈er), *wheel*
radieren, *to erase*
Radiergummi, der *or* das, *rubber*
Radio, das (–s), *radio*
Rahmen, der (–), *frame*
Rand, der (–̈er), *edge*
Rasen, der (–), *lawn*
Rasenmäher, der (–), *lawn mower*
Rasierapparat, der (–e), *razor*
sich rasieren, *to shave oneself*
Raststätte, die (–n), *resting place*

Rathaus, das (¨–er), *town hall*
rauchen, *to smoke*
reagieren, *to react*
rechte, *right*
rechts, *right*
Regal, das (–e), *book shelf*
Regenmantel, der (¨–), *raincoat*
Regenschirm, der (–e), *umbrella*
regnen, *to rain*
reif, *ripe*
Reis, der, *rice*
Reise, die (–n), *journey*, gute Reise! *have a good journey!*
Religion, die (–en), *religion*
reparieren, *to repair*
Restaurant, das (–s), *restaurant*
richtig, *correct*
riechen, *to smell*
riesig, *huge*
Rock, der (¨–e), *skirt*
Roman, der (–e), *novel*
Rose, die (–n), *rose*
rot, *red*
rudern, *to row*
Ruderboot, das (–e), *rowing boat*
rufen, *to call*
rund, *round*
russisch, *Russian*
Rußland, das, *Russia*

Säge, die (–n), *saw*
sägen, *to saw*
sagen, *to say*
Sahne, die, *cream*
Salzstreuer, der (–), *salt cellar*
Sammelbegriff, der (–e), *collective term*
Samstag, der (–e), *Saturday*
samstags, *on Saturdays*
Sandale, die (–n), *sandal*
sauber, *clean*
Schaf, das (–e), *sheep*
Schal, der (–e *or* –s), *scarf*
Schale, die (–n), *dish, shell*
Schallplatte, die (–n), *record*
Schallplattensammlung, die (–en), *record collection*
Schampun, das, *shampoo*
Scheibe, die (–n), *slice*
scheinen, *to shine*
Schere, die (–n), *scissors*
schicken, *to send*
schlafen, *to sleep*
Schlafanzug, der (¨–e), *pyjamas*
Schlafzimmer, das (–), *bedroom*
schlagen, *to beat, to hit*
Schlange, die (–n), *snake*
schlecht, *bad*
Schleife, die (–n), *bow*
Schlittschuh laufen, *to skate*
schmelzen, *to melt*
schmutzig, *dirty*
Schnee, der, *snow*
schneiden, *to cut*
schneien, *to snow*
schnell, *quickly*
Schnitzel, das (–), *fillet of veal*
schon, *already*
schön, *beautiful*
Schottland, das, *Scotland*
Schrank, der (¨–e), *cupboard*
schreiben, *to write*
Schreibmaschine, die (–n), *typewriter*
Schreibtisch, der (–e), *desk*
Schriftsteller, der (–), *author, writer*
Schublade, die (–n), *drawer*
Schuh, der (–e), *shoe*
Schuhgeschäft, das (–e), *shoe shop*
Schularbeit, die (–en), *homework*
Schule, die (–n), *school*
Schüler, der (–), *schoolboy, pupil*
Schülerin, die (–nen), *schoolgirl, pupil*
Schulhof, der (¨–e), *school yard, playground*
Schürze, die (–n), *apron*
Schüssel, die (–n), *dish, bowl*
schützen, *to protect*
schwach, *weak*

Schwanz, der (–̈e), *tail*
schwarz, *black*
schwarzhaarig, *black haired*
Schwarzweißfernsehapparat, der (–e), *black and white television set*
Schwein, das (–e), *pig*
Schwert, das (–er), *sword*
Schwester, die (–n), *sister*
Schwimmbad, das (–̈er), *swimming pool*
schwimmen, *to swim*
sechs, *six*
sechzehn, *sixteen*
sechzig, *sixty*
Seemann, der (pl. Seeleute), *sailor*
segeln, *to sail*
sehen, *to see*
sehr, *very*
Seide, die (–n), *silk*
Seife, die (–n), *soap*
Seil, das (–e), *rope*
sein, *to be*
Seite, die (–n), *page, side*
Sekretärin, die (–nen), *secretary*
Sekunde, die (–n), *second*
selbst, *self*
selten, *seldom*
Semester, das (–), *term*
September, der, *September*
Serviette, die (–n), *table napkin*
Serviettenring, der (–e), *napkin-ring*
Sessel, der (–), *easy chair*
setzen auf, *to put on*
sich setzen auf, *to sit down on*
sie, *she, they*
Sie, *you*
sieben, *seven*
siebzehn, *seventeen*
siebzig, *seventy*
singen, *to sing*
sitzen, *to sit*
Skihose, die (–n), *ski trousers*
Ski laufen, *to ski*
Socke, die (–n), *sock*
Sofa, das (–s), *sofa*
sofort, *immediately*
Sohn, der (–̈e), *son*
Soldat, der (–en), *soldier*
Sommer, der (–), *Summer*
Sommerferien, die, pl., *Summer holidays*
sondern, *but*
Sonnabend, der (–e), *Saturday*
sonnabends, *on Saturdays*
Sonne, die (–n), *sun*
sich sonnen, *to lie in the sun*
Sonnenbrille, die (–n), *sun glasses*
Sonnenschein, der *sunshine*
Sonnenschirm, der (–e), *parasol*
Sonntag, der (–e), *Sunday*
sonntags, *on Sundays*
sonst, *otherwise*
Sorte, die (–n), *type, kind*
Spanien, das, *Spain*
Spanier, der (–), *Spaniard*
spanisch, *Spanish*
Spaß, der (–̈e), *fun*
  viel Spaß! *have a good time!*
Spaten, der (–), *spade*
spazieren gehen, *to go for a walk*
Spaziergang, der (–̈e), *walk*
Spiegel, der (–), *mirror*
Spiegelei, das (–er), *fried egg*
spielen, *to play*
Sport, der, *sport*
Sportgerät, das (–e), *sports equipment*
Sportplatz, der (–̈e), *sports ground*
Sport treiben, *to go in for sport*
Sprache, die (–n), *language*
sprechen, *to speak*
springen, *to jump*
spülen, *to wash up*
Spülbecken, das (–), *sink*
Spülmittel, das (–), *washing up liquid*
Stadt, die (–̈e), *town*
Stadtplan, der (–̈e), *map*
Stammbaum, der (–̈e), *family tree*
stark, *strong*
stattdessen, *instead*
stehen, *to stand*
Stehlampe, die (–n), *standard lamp*
Stiefel, der (–), *boot*

steigen, *to climb*
stellen auf, *to put on*
stenografieren, *to write shorthand*
sterben, *to die*
Steuerruder, das (–), *rudder*
Stewardess, die (–en), *stewardess*
Stock, der (–̈e), *stick*
Stockwerk, das (–e), *story, floor*
Stoßstange, die (–n), *car bumper*
Strand, der (–̈e), *beach*
Straße, die (–n), *street*
Sträßenbahn, die (–en), *tram*
Streichholz, das (–̈er), *match*
stricken, *to knit*
Stricknadel, die (–n), *knitting needle*
Strohhalm, der (–e), *drinking straw*
Strohhut, der (–̈e), *straw hat*
Strumpf, der (–̈e), *stocking*
Student, der (–en), *student*
studieren, *to study*
Stuhl, der (–̈e), *chair*
Stunde, die (–n), *hour*
Stundenplan, der (–̈e), *timetable*
suchen, *to look for, to search*
Suppe, die (–n), *soup*

Tabak, der (–e), *tobacco*
Tafel, die (–n), *blackboard*
Tag, der (–e), *day*
tagsüber, *during the day*
Tankstelle, die (–n), *petrol station*
Tante, die (–n), *aunt*
tanzen, *to dance*
Tasche, die (–n), *pocket, bag*
Tachengeld, das (–er), *pocket money*
Taschentuch, das (–̈er), *handkerchief*
Tasse, die (–n), *cup*
tätig, *employed, busy*
tausend, *thousand*
Taxe, die (–n), *taxi*
Taxistand, der (–̈e), *taxi rank*
Tee, der (–s), *tea*
Teekanne, die (–n), *teapot*
Teich, der (–e), *pond*
Teil, der (–e), *part*
Telefon, das (–e), *telephone*
telefonieren, *to telephone*
Telefonzelle, die (–n), *telephone box*
Teller, der (–), *plate*
Tennis, das, *tennis*
Tennishemd, das (–en), *tennis shirt*
Tennisschläger, der (–), *tennis racquet*
Tennisschuh, der (–e), *tennis shoe*
Teppich, der (–e), *carpet*
teuer, *expensive*
Theaterstück, das (–e), *play*
Tier, das (–e), *animal*
Tiergarten, der (–̈), *zoo*
Tinte, die (–n), *ink*
tippen, *to type*
Tisch, der (–e), *table*
Tochter, die (–̈), *daughter*
Toilette, die (–n), *toilet*
Tomate, die (–n), *tomato*
Topf, der (–̈e), *saucepan*
Tor, das (–e), *gate*
tragen, *to carry*
traurig, *sad*
treffen, *to meet*
treiben, *to drive*
treten, *to step*
Treppe, die (–n), *step, staircase*
trocken, *dry*
Tuch, das (–̈er), *cloth*
Tulpe, die (–n), *tulip*
Tür, die (–en), *door*
Turnen, das, *gymnastics*
Turnhalle, die (–n), *gymnasium*
Tüte, die (–n), *carton, bag*

über, *over, above*
überall, *everywhere*
überholen, *to overtake*
übermorgen, *the day after tomorrow*
überrascht, *surprised*
überreichen, *to present to, to hand to*
übersetzen, *to translate*
üblich, *usual*

übrigbleiben, *to remain, to be left over*
Uhr, die (–en), *watch, clock*
und, *and*
unerwartet, *unexpected*
ungefähr, *approximately*
Uniform, die (–en), *uniform*
Universität, die (–en), *university*
unten, *below, downstairs*
unter, *beneath*
sich unterhalten, *to converse, to talk*
Unterricht, der, *tuition, lessons, teaching*
unterrichten, *to teach*
ununterbrochen, *continuously*
umgeben, *surrounded*
um ... zu, *in order to*
Urlaub, der (–e), *holiday*
  schönen Urlaub! *have a good holiday!*
Vase, die (–n), *vase*
Vater, der (–̈), *father*
sich verabschieden, *to say good-bye*
verdienen, *to earn*
Vergnügen, das, *enjoyment*
  viel Vergnügen! *enjoy yourself!*
verkaufen, *to sell*
Verkäufer, der (–), *shop assistant salesman*
Verkehr, der, *traffic*
Verkehrsampel, die (–n), *traffic lights*
Verkehrsschild, das (–er), *traffic signs*
verlassen, *to leave*
verlieren, *to lose*
sich verloben, *to get engaged*
verpassen, *to miss*
verschieden, *different*
verwandt, *related*
Verwandte, der (–n), *relative*
verwelken, *to wither*
Vetter, der (–n), *male cousin*
viel, *much, many*
vielleicht, *perhaps*
vier, *four*
Viereck, das (–e), *square, rectangle, quadrilateral*
viereckig, *square, rectangular*
Vierteljahr, das (–e), *quarter year*
Viertelstunde, die (–n), *quarter hour*
vierzehn, *fourteen*
vierzig, *forty*
Vogel, der (–̈), *bird*
voll, *full*
von, *of, from*
vor, *before, in front of*
vorbei, *past*
vorgestern, *the day before yesterday*
Vormittag, der (–e), *morning, forenoon*
vormittags, *in the morning*
Vorname, der (–n), *Christian name*
vorne, *in front*
Vorort, der (–e), *suburb*
vorsichtig, *careful*
vorvorgestern, *three days ago*

wachsen, *to grow*
Wagen, der (–), *car*
während, *during*
Wald, der (–̈er), *wood, forest*
Wand, die (–̈e), *wall*
wandern, *to walk, to hike*
Ware, die (–n), *merchandise, goods*
warm, *warm*
warten, *to wait*
warum, *why*
was, *what*
Waschbecken, das (–), *wash basin*
sich waschen, *to wash oneself*
wecken, *to waken*
Wecker, der (–), *alarm clock*
weder ... noch, *neither ... nor*
weich, *soft*
Weihnachten, die *or* das, *Christmas*
weil, *because*
Wein, der (–e), *wine*
weinen, *to cry*
weiß, *white*
welcher, welche, welches, *which*
Weltkrieg, der (–e), *world war*
wen, *whom*
wenig, *few*

wenn, *whenever*
wer, *who*
werden, *to become*
werfen, *to throw*
Werkhalle, die (–n), *workshop*
Werkstatt, die (–̈en), *workshop*
Werkzeug, das (–e), *tool*
Wetter, das, *weather*
Wetterbericht, der (–e), *weather forecast*
Whisky, der, *whisky*
wie, *how*
wieder, *again*
auf Wiedersehen, *good-bye*
Wiese, die (–n), *meadow*
wieviele, *how many*
windig, *windy*
Winter, der, *Winter*
Wintermantel, der (–̈), *overcoat*
wo, *where*
Woche, die (–n), *week*
Wochenende, das (–en), *week-end*
wofür, *what for*
woher, *where from*
wohin, *where to*
wohnen, *to live*
Wohnung, die (–en), *flat, dwelling*
Wohnzimmer, das (–), *living room*
Wolle, die (–n), *wool*
wollen, *to want to, to wish*
womit, *with what*
worauf, *on what*
woraus, *out of what*
Wort, das (–e *or* –̈er), *word*
wozu, *what for*
wünschen, *to wish*
Wurm, der (–̈er), *worm*
Wurst, die (–̈e), *sausage*

Zahn, der (–̈e), *tooth*
Zahnbürste, die (–n), *toothbrush*
Zahnpasta, die, *toothpaste*
Zaun, der (–̈e), *fence*
zehn, *ten*
zeichnen, *to sketch, to draw*
zeigen, *to show*
Zeit, die (–en), *time*
Zeitschrift, die (–en), *magazine*
Zeitung, die (–en), *newspaper*
Zentralheizung, die (–en), *central heating*
ziemlich, *fairly*
Ziffer, die (–n), *number*
Zigarette, die (–n), *cigarette*
Zigarettenkasten, der (–̈), *cigarette-box*
Zigarre, die (–n), *cigar*
Zimmer, das (–), *room*
Zitrone, die (–n), *lemon*
zu, *to*
Zucker, der, *sugar*
Zuckerdose, die (–n), *sugar bowl*
zuerst, *at first*
Zug, der (–̈e), *train*
zugefroren, *frozen*
zurück, *back*
zusammen, *together*
zuviel, *too much, too many*
zuwenig, *too few, too little*
zwar, *indeed, of course*
zwanzig, *twenty*
zwei, *two*
Zweig, der (–e), *branch*
Zwiebel, die (–n), *onion*
Zwillinge, die, pl., *twins*
zwischen, *between*
zwölf, *twelve*